D1704425

Weiterführend empfehlen wir:

Interim Management:
Top-Kräfte auf Zeit
ISBN 3-89623-309-2

Musterbriefe zur Bewerbung
ISBN 3-8029-3593-4

Kontakte knüpfen
und beruflich nutzen
ISBN 3-8029-4613-8

Kurswechsel im Beruf
ISBN 3-8029-3386-9

Soziale Kompetenz
ISBN 3-8029-3371-0

Schnellkurs Selbstmotivation
Hörbuch
ISBN 3-8029-4529-8

Bewerbungstraining
Hörbuch
ISBN 3-8029-4640-5

Wir freuen uns über Ihr Interesse an diesem Buch. Gerne stellen wir Ihnen zusätzliche Informationen zu diesem Programmsegment zur Verfügung.

Bitte sprechen Sie uns an:

E-Mail: walhalla@walhalla.de
http://www.walhalla.de

Walhalla Fachverlag · Haus an der Eisernen Brücke · 93042 Regensburg
Telefon (09 41) 56 84-0 · Telefax (09 41) 56 84-111

Vera Bloemer

Patchwork-Karriere

Mit Vielseitigkeit und
Strategie zum Berufserfolg

Bibliografische Information Der Deutschen Bibliothek
Die Deutsche Bibliothek verzeichnet diese Publikation in der Deutschen Nationalbibliographie;
detaillierte bibliographische Daten sind im Internet über http://dnb.ddb.de abrufbar.

Zitiervorschlag:
Vera Bloemer, Patchwork-Karriere
Walhalla Fachverlag, Regensburg, Berlin 2005

Produktion: Walhalla Fachverlag, 93042 Regensburg
Umschlaggestaltung: Gruber & König, Augsburg
Druck und Bindung: Westermann Druck Zwickau GmbH
Printed in Germany
ISBN 3-8029-3255-2

Nutzen Sie das Inhaltsmenü:
Die Schnellübersicht führt Sie zu Ihrem Thema.
Die Kapitelüberschriften führen Sie zur Lösung.

Auf zu neuen Ufern! 7

1 Patchwork-Karrieren 9

2 Wirtschaft und Gesellschaft
im Umbruch 17

3 Lebens- und Arbeitsformen
im Wandel 27

4 Persönliche Ziele
und beruflicher Erfolg 43

5 Der rote Faden
in der Patchwork-Karriere 59

6 Selbstständigkeit zwischen Freiheit
und Zwang 89

Schnellübersicht

7 Unterbrechungen der Berufstätigkeit sinnvoll gestalten ... 97

8 Akquise von Arbeit
und Aufträgen 111

9 Finanzielle Absicherung
bei ständigen Veränderungen .. 129

10 Pioniere einer neuen Zeit 137

Literaturhinweise 157

Stichwortverzeichnis 159

Auf zu neuen Ufern!

Wer sich heute beruflich neu orientiert, steht vor der Qual der Wahl: Angestellt sein im Unternehmen oder eigene Ideen in der Selbstständigkeit verwirklichen? Vermeintliche Sicherheit oder Risiko?

Was vor einigen Jahren noch selbstverständlich schien, ist zunehmend in Frage gestellt. Der dreiteilige Lebenslauf, bestehend aus Ausbildung, Erwerbsleben und Ruhestand, gehört der Vergangenheit an: Das heutige Arbeitsleben gleicht einem Patchwork, einer Mischung aus Arbeitsphasen, Karrieresprüngen, Arbeitslosigkeit, Selbstständigkeit, Zeitarbeit, Weiterbildung und Auszeiten. Hier gilt es, seine Lebens- und Berufsplanung zielstrebig und aktiv auf dieses Mosaik auszurichten, um für die unterschiedlichen Anforderungen gewappnet zu sein, die finanziell und psychisch damit einhergehen können.

Wer seinen Lebenslauf und seine spezifischen Fähigkeiten zu seinem eigenen Vorteil vermarktet, setzt Zeichen als Pionier im Trend einer neuen Arbeitswelt, überzeugt und hat bessere Chancen.

Der klassische Lebenslauf von der Stammhauslehre zum 40-jährigen Dienstjubiläum mit lebenslanger Betriebszugehörigkeit gehört der Vergangenheit an. Ein Arbeitgeber erwartet heute kontinuierliche Weiterentwicklung seiner Mitarbeiter nicht nur in verschiedenen Funktionen, sondern auch mit Erfahrungen in anderen Betrieben und Branchen. Parallel dazu erfordert die wirtschaftliche Realität, die geprägt wird von Fusionen, Betriebsschließungen und Rationalisierungen, ständig neue Initiative. In dieser Situation gilt es, erfolgreich ein Patchwork-Berufsleben zu gestalten, in einem Lebenslauf mit Umbrüchen den roten Faden zu finden, Vorsorge zu treffen und die veränderten Arbeits- und Lebensformen zu meistern.

Von dem Berufstätigen wird in Gegenwart und Zukunft immer mehr gefordert. Hinter dem strapazierten Begriff Flexibilität verbirgt sich die Abkehr vom planbaren Berufsleben. Das einzig wirklich Sichere ist der permanente Wandel, und dieser nicht mehr im Zeitraum einer Generation oder eines Jahrzehnts, sondern eher schon im Jahresrhythmus. Ganz gleich, ob Sie am Anfang, in der Mitte oder am Ende Ihres Arbeitslebens stehen: Sie werden mit einer neuen Situation konfrontiert sein, bei der es teilweise Normalität ist, wenn sich Perioden der

Arbeit und Nicht-Beschäftigung abwechseln. Doch wie gestalten Sie Ihren Lebenslauf? Wie setzen Sie die Mosaiksteine zusammen? Wie schaffen Sie die notwendige Kontinuität bei aller Veränderung? Wie können Sie einzelne Stationen planen, wie Freiräume und Lücken konstruktiv nutzen?

Das Modell der Lebensphasen verändert sich. Waren in den 1970er Jahren noch 80 % der Beschäftigten in klassischen Arbeitsverhältnissen tätig, ist die Zahl der Festanstellungen heute auf etwa 60 % gesunken, und Trendforscher prognostizieren einen Rückgang auf 40 % in den nächsten Jahren. Der Anteil von Teilzeitarbeit, befristeten oder geringfügigen Beschäftigungen steigt ebenso wie die Zahl der Selbstständigen. Damit gehen signifikante Veränderungen einher, die Verdienst-, Vermögens- und Vorsorgethemen betreffen, mit Rückwirkungen auf Persönlichkeit, Familie und Berufsleben. Gerade die aktuellen Diskussionen um Hartz IV mit den Auswirkungen für Betroffene zeigen einen hohen Grad der Verunsicherung. Wie kann sich der Einzelne auf Veränderungen vorbereiten und aktiv seine Lebens-, Berufs- und Finanzplanung auch im Hinblick auf ungewollte Einschnitte optimieren und vorsorgen, um nicht von Fragebögen, Vorschriften und Gesetzen kalt erwischt zu werden?

Dieses Buch möchte Sie dazu auffordern, sich mit Ihren Chancen und Risiken auseinander zu setzen, die sich heute schon abzeichnen und für Ihren weiteren Lebens- und Berufsweg entscheidend sein können. Es will Ihnen eine Perspektive für die Gestaltung Ihrer persönlichen und beruflichen Biographie öffnen und praktische Informationen und Anregungen geben, wie Sie Ihre Patchwork-Karriere erfolgreich gestalten und vermarkten.

Über Kommentare und Anregungen freue ich mich.

Dr. Vera Bloemer

Sie erreichen mich unter: vera.bloemer@t-online.de

Patchwork-Karrieren

1

Wie das Leben so spielt 10

Wie das Leben so spielt

„Jeder Einzelne, der seine Arbeit verliert, betrachtet sich nach wie vor als persönlich gescheitert. Er urteilt mit dem Blick derer, die über ihn urteilen – ein Blick, der ihn als schuldig betrachtet und der dazu führt, dass er sich fragt, welche Unfähigkeit ihn in diesen Zustand hat geraten lassen", so schreibt Daniel Goeudevert in seinem Buch „Mit Träumen beginnt die Realität". Nach eigenen Angaben verstand er Arbeitslosigkeit erst richtig, als er und auch sein Sohn den Job verloren. Die Familie des Sohnes sei an den 16 Monaten Arbeitslosigkeit fast zerbrochen.

Dieses Schicksal können viele Menschen nachvollziehen, die sich in einer ähnlichen Situation befinden oder befunden haben – Arbeitslosigkeit kann jeden treffen. Natürlich gibt es auch noch jene Bilderbuchkarrieren und Vorzeigekandidaten, die zügig studieren, mit Auszeichnung abschließen, als Vorstandsassistent brillieren, eine Filiale übernehmen, die nächsten Karriereschritte in regelmäßigen Abschnitten angehen bis zur Bereichsleitung, exzellente Ergebnisse in ihrem Verantwortungsgebiet erwirtschaften und mit 40 den Sprung in den Vorstand schaffen. Das ist harte Arbeit, gepaart mit Können und einem Quantum Glück. Aber noch mehr Bilderbuchkarrieren gibt es, die abrupt abbrechen.

Die Realität kann dann schnell zum Alptraum werden. So erlebte es der kaufmännische Geschäftsführer eines Medienunternehmens. Inzwischen 47 Jahre alt, blickte der Manager auf 20 Jahre Erfolg zurück: Jurastudium in Rekordzeit, Berufseinstieg als Vorstandsreferent eines Blue Chip Konsumgüterunternehmens, dann Wechsel zu einem Wettbewerber in die Position des Leiters der strategischen Planung. Es folgte ein weiterer Wechsel, nun als Leiter des Vorstandsbüros in ein Finanzdienstleistungsunternehmen. Dort warb ihn ein internationales Beratungsunternehmen ab, bei dem er strategische und finanzwirtschaftliche Projekte in verschiedenen Branchen, verbunden mit einem längeren Auslandsaufenthalt übernahm. Nach fünf Beraterjahren kehrte er in die Konsumgüterindustrie zurück – dorthin, wo seine Karriere begonnen hatte.

Die Perspektive, als kaufmännischer Geschäftsführer bei einem renommierten Medienunternehmen zu arbeiten, sah er als eine interessante Herausforderung – der Personalberater konnte mit einem attraktiven Paket winken. Eine Einarbeitung in die Medienwelt schien kein Problem, zumal im Finanz- und Rechnungswesen weniger die Branchenspezifika den Ausschlag geben.

Doch nun kam alles ganz anders als erwartet. Die Firma boomte, der finanzielle Erfolg schlug sich so positiv im Ergebnis nieder, dass der Haupteigentümer dem lukrativen Angebot eines Investors nicht widerstehen konnte. Das Unternehmen wurde verkauft. Der neue Eigentümer war zwar angetan von der Performance, setzte aber an die zentrale Schlüsselfunktion einen Manager aus dem eigenen Haus – und trennte sich „einvernehmlich" vom bisherigen Geschäftsführer. Nach einer mehr als zwanzigjährigen erfolgreichen Karriere mit stetigem beruflichen Aufstieg und finanziellen Verbesserungen stand der 47-Jährige plötzlich vor dem Aus. Von einem Tag zum anderen hatte er seine Aufgabe verloren, ebenso seine Visitenkarte mit Titel und renommiertem Firmennamen.

Die Anrufe der Headhunter, die in den vergangenen Jahren regelmäßig angeklopft hatten, blieben aus. Als er dann selbst mit Personalberatern Kontakt aufnahm, zeigten diese sich reserviert: Sein Lebenslauf sei doch etwas bunt, zu viele Wechsel in unterschiedlichen Funktionen, was Firmen und Branchen angehe. Eine berufliche Weiterentwicklung als Finanzvorstand? Das sei derzeit kaum vorstellbar. Der Trend gehe zum Abbau von Hierarchien, die Firmen bevorzugten Führungskräfte mit Anfang 40, die seien noch hungrig, die hätten Zukunftspotenzial.

Gestern noch Top-Führungskraft, sah sich der Manager jetzt mit der bitteren Wahrheit konfrontiert: Mit 45 Jahren sind Bewerber alt, mit 50 kaum noch vermittelbar. Der Zenit der Karriere liegt für das Gros der Führungskräfte heute eher um die 40, da es weniger Top-Positionen gibt aufgrund der Verflachung der Hierarchien, der Fusionen und dem Trend, jüngeren Mitarbeitern Verantwortung zu geben. Bis in die 1970er Jahre galten Seniorität, Förmlichkeit und Regeln. Seit etwa 1990 wird vermehrt Wert gelegt auf Karrieren mit Jobwechseln und Internationalität, die Globalisierung fordert ihren Tribut.

Doch dann nahm die Geschichte eine unerwartete Wende. Was Personalberater und Unternehmen bei dem kaufmännischen Geschäftsführer als Manko ansahen, nämlich die Kombination aus verschiedenen beruflichen Stationen und unterschiedlichen Erfahrungen, erwies sich plötzlich als exzellente Stärke. Nach vielen Gesprächen und Recherchen entdeckte der Ex-Manager einen neuen Bereich, in dem er seine Erfahrungen und seine unternehmerischen Ambitionen voll umsetzen konnte: Gemeinsam mit einigen renommierten Partnern stieg er ins Private Equity (privates Beteiligungskapital)-Geschäft ein, um sich an mittelständischen Unternehmen zu beteiligen und diese auszubauen.

Plötzlich passte alles wieder zusammen. Er konnte die Palette seiner Fähigkeiten und sein fachliches Know-how voll einbringen. Die Kombination der verschiedenen Mosaiksteine seiner früheren Karriere bedeutete in seinem neuen Umfeld, bei dem es um Unternehmensbeteiligungen und Sanierungen ging, eine besondere Stärke. Es fiel ihm leicht, interessante Unternehmen zu erkennen und deren Potenziale zu realisieren, sein Alter und seine Berufserfahrung gaben das notwendige Standing im Private Equity-Geschäft und kamen ihm bei Verhandlungen mit Unternehmen und Banken zugute. Heute fühlt er sich in seinem Element und hat den passenden Wirkungskreis gefunden. Das vermeintliche Ende seines Berufslebens konnte er in eine Chance umwandeln. Keinen Tag bereut er den Wechsel im Rahmen seiner Patchwork-Karriere vom angestellten Geschäftsführer zum selbstständigen Unternehmer.

Das Beispiel zeigt: Es war gerade der spannende und etwas außergewöhnliche Berufsweg, der am Ende Erfolg und Erfüllung brachte. Und genau darin liegt das Typische einer Patchwork-Karriere – nämlich in der Kunst, aus verschiedenen Stationen die eigene Berufsbiographie zu gestalten, Brüche und vermeintliche Rückschläge zu nutzen. Verschiedene Elemente der Ausbildung, Berufserfahrung und des persönlichen Lebensweges ergeben ähnlich wie in einem Flickenteppich plötzlich ein Muster, eben ein Patchwork.

Vorbereitet auf den Wandel

Der Ausdruck Patchwork wird heute schon verschiedentlich für Lebensbiographien mit Unterbrechungen angewendet. Es bietet sich deshalb an, diesen Begriff auf die neuen, von Brüchen und Rückschlägen gekennzeichneten Berufswege zu übertragen. Wir sprechen in diesem Buch deshalb von einer „Patchwork-Karriere" und meinen damit eine Kombination interessanter beruflicher Phasen, Sprünge und Erfahrungen. Die Patchwork-Karriere zeichnet sich dadurch aus, dass die Summe der verschiedenen Stationen einen Mehrwert und ein attraktives Ganzes ergibt. Die einzelnen Bausteine eines Berufsweges, die bei herkömmlicher Betrachtung eher das Misstrauen des Personalleiters wecken, lassen sich mit etwas Planung oft durch einen roten Faden zu einem wertvollen Unikat verbinden, das auf dem Arbeitsmarkt seine Anerkennung findet.

Die Patchwork-Karriere wird in den kommenden Jahren die linear nach oben führende Entwicklung weitgehend ablösen. Die meisten Beschäftigten können schon heute ihren Lebensweg nicht mehr planen. Die Zeiten des sicheren Arbeitsplatzes sind vorbei, im Mai 2005 wurde mit 4,8 Mio. Arbeitslosen eine Quote von 11,6 % erreicht, leicht unter der höchsten Arbeitslosenzahl seit Jahren mit 5 Mio. im April 2005. Wo man hinhört, ist von Reorganisationen, Zusammenschlüssen oder Übernahmen die Rede – und diese Entwicklung macht selbst vor den besten Managern nicht Halt. Anstatt in Ungewissheit und Irritation zu verharren, plädiert dieses Buch für die gegenteilige Haltung: Wach und lebendig bleiben, die Sinne schärfen, auf Signale achten und bereit sein zu agieren und zu reagieren, zu scheitern und neu anzufangen. Das ist Leben – und kennzeichnet eine Patchwork-Karriere.

Dabei kommt es auf Eigeninitiative und Überzeugungskraft an. Als Pionier einer neuen Arbeitswelt muss sich der Patchworker immer wieder gegen traditionelles Denken durchsetzen.

Die Neuorientierung in einer solchen Umbruchsituation ist nicht einfach. Kaum jemand stellt sich in seiner Zeit als Angestellter die Frage nach der persönlichen Vision und dem eigenen Leitmotiv: Man erledigt die Aufgaben „zur vollsten Zufriedenheit" des Hauses. Fragt man einen Manager, was ihn bei seiner Karriere geleitet hat, sind die Antworten immer wieder die gleichen: „Es ergab sich", heißt es dann, oder: „Man hat sich der Herausforderung gestellt." Viele angehende Patchworker stehen vor dem Problem, den roten Faden in ihrem Berufsweg im Nachhinein aufzuspüren. Doch auch wenn die Stationen auf den ersten Blick zick-zack-artig erscheinen, lässt sich mit Sicherheit ein Leitmotiv finden.

Dieser Findungsprozess kann mühsam sein, manchmal auch recht lange dauern. So benötigte die engagierte 50-jährige Geschäftsführerin einer größeren Stiftung im sozialen Bereich einige Jahre, um ihr Ziel und das dazu passende berufliche Umfeld zu erreichen. Zunächst klappte alles ganz reibungslos: betriebswirtschaftliches Studium, beruflicher Einstieg im Controlling eines Industriekonzerns, dann Beförderungen. Doch wurde nach einigen Jahren immer deutlicher, dass die Entscheidungskriterien im Konzern und das eigene Wertesystem nicht zusammenpassten – und die Controllerin entschied sich zur Kündigung. Sie kehrte an die Universität zurück, promovierte über Entwicklungshilfeprojekte in Südamerika. Mit verschiedenen Jobs, unter anderem als Journalistin und Buchhalterin eines Dritte-Welt-Ladens, finanzierte sie sich das Sabbatical, die Phase des vorübergehenden Ausstiegs aus dem Berufsleben. Danach übernahm sie eine mehrmonatige Filmdokumentation über soziale Projekte in Südamerika.

Nach Abschluss ihrer Promotion war der Betriebswirtin klar: Eine Rückkehr in die Industrie kam für sie nicht in Frage, sie wollte im sozialen Bereich arbeiten und ihre betriebswirtschaftlichen Erfahrungen mit den eigenen Wertvorstellungen und persönlichem Engagement verbinden. Mit Erfolg bewarb sie sich auf eine Annonce als Geschäftsführerin einer gemeinnützigen Institution. Die Stiftung gewann mit ihr eine Persönlichkeit, die nicht nur das notwendige betriebswirtschaftliche Know-how mitbrachte, sondern es auch verstand, ihre Ziele mit wirtschaftlichen Notwendigkeiten zu verbinden. Umbruchphase und berufliche Umorientierung hatten sich für die Betriebswirtin eindeutig ausgezahlt. Aufgrund ihrer Auslandserfahrung verstand sie es, auch ganz unterschiedlich zusammengesetzte Teams zu führen, konnte mit Konflikten und Krisensituationen umgehen. In ihrem neuen Job hat sie ein Wirkungsfeld gefunden, das voll und ganz ihren Vorstellungen entspricht und in dem die Elemente ihrer Patchwork-Karriere eine Bereicherung darstellen.

Selbstbewusst entscheiden und handeln

Das Buch möchte Sie ermuntern, nicht erst auf den Ernstfall zu warten. Beginnen Sie schon jetzt, Ihren Berufsweg als Patchwork zu begreifen. Wenn Sie den Markt im Auge behalten und eigene neue Perspektiven entwickeln, lassen sich bei beruflichen Veränderungen unfreiwillige Wartezeiten und damit verbundene Einkommensverluste auf ein Minimum reduzieren. Und seien Sie darauf gefasst: Die Veränderung führt Sie keineswegs immer in einer Linie weiter nach oben. Nicht selten werden Sie auf derselben oder einer tieferen Ebene landen – oder auch bei einer kleineren, weniger bekannten Adresse. Das muss kein Abstieg sein, aber Sie sollten diese Möglichkeit bewusst einkalkulieren. Damit wird der Patchworker zum Trendsetter einer sich verändernden Arbeitswelt.

Bei einem Karrierebruch, auch wenn man ihn selbst herbeigeführt hat, fühlt man sich meist als Opfer. Ganz anders der Patchworker: Er nutzt diese Einschnitte als Übergänge, um nach vorne zu blicken, sich zu profilieren und zu eigenen Zielen zu finden. Es wird ihm gelingen, den eigenen Werten treu zu bleiben, diese als Motivation und Leitfaden für das Weiterkommen zu verstehen – und am Ende mehr Lebensqualität zu erreichen.

Aufgrund eines Bruchs in der beruflichen Entwicklung oder aus eigener Motivation wollen Sie aktiv ihre Patchwork-Karriere gestalten und ausfüllen. Als Patchworker sind Sie flexibel und engagiert, achten aber auch auf eine Balance in Ihrem Leben angesichts der Gefahren, mit denen Sie aufgrund der stetig steigenden Anforderungen der Berufswelt konfrontiert werden. Sehen Sie es als Chance zu lernen, sich anzupassen, ohne die eigene Mitte zu verlieren.

Mit einer Patchwork-Karriere leben Sie bereits jetzt Arbeitsformen, die für viele erst in der Zukunft Realität werden, wechselnde Arbeitsorte, virtuelle Teams, verschiedene Arbeitsaufgaben, keine festen Arbeitszeiten, wechselnde Ansprechpartner. Diese vielfältigen Herausforderungen fordern einiges an Geduld und Durchhaltevermögen. Aus Ihren vorhandenen Berufserfahrungen und Wertvorstellungen kombinieren Sie ihr eigenes Lebensziel, das Sie in ihrem beruflichen und persönlichen Weg verfolgen und erreichen wollen. Träumen Sie nicht die Realität, sondern verwirklichen Sie mit Ihrer Patchwork-Karriere Ihre Träume.

Wirtschaft und Gesellschaft im Umbruch

2

1. Demographische Verschiebungen
   durch Alterung der Gesellschaft . . . 18

2. Rationalisierung und Effizienz-
   steigerung in der Wirtschaft 20

3. Kontinuierliche Berufstätigkeit
   contra Akzeptanz von
   Arbeitslosigkeit 22

4. Finanzierung der Sozialsysteme
   fraglich 24

1. Demographische Verschiebungen durch Alterung der Gesellschaft

Die Volkswirtschaft ist im Umbruch. Die demographische Entwicklung stellt Wirtschaft und Gesellschaft im 21. Jahrhundert vor neue Herausforderungen: Aufgrund der Fortschritte in Hygiene, Medizin und Biotechnologie steigt seit dem 19. Jahrhundert die Lebenserwartung kontinuierlich an.

Fortschreitende Alterung der Gesellschaft

So beträgt die durchschnittliche Lebenserwartung für einen heute geborenen Mann 75,4 Jahre und eine Frau 81,2 Jahre – im Jahre 1871 lag die Lebenserwartung für Männer bei 35 und für Frauen bei 38 Jahren. Damit einher geht eine Alterung der Gesellschaft, welche durch die gleichzeitig sinkende Geburtenrate noch verstärkt wird.

Die Bevölkerungsstruktur verändert sich immer stärker. Die einstige „Pyramide" verliert ihre Form. Früher hatten die jüngsten Jahrgänge eine breite Basis gebildet, und die Anzahl der Angehörigen eines Jahrgangs nahm mit zunehmendem Alter ab. Hieraus ergab sich die typische Pyramidenform. Gesunkene Geburtenraten und steigende Lebenserwartung haben dieses Bild gründlich verändert: Die Basis ist schmaler geworden, und die absolute Zahl der Menschen im mittleren wie im höheren Alter steigt stetig. Aus der Pyramide wird ein Pilz. Diese Entwicklung, die sich in vielen Industriestaaten zeigt, hat eine gravierende Folge. Sie bedeutet, dass der jüngeren Generation immer mehr Lasten aufgebürdet werden.

Der Wandel von der Pyramide zum Pilz spiegelt die Überalterung wider, die in den 1960er Jahren ihren Anfang nahm. Hauptsächlich durch die Anti-Baby-Pille, die Emanzipation der Frau, längere Ausbildungszeiten und eine Veränderung der gesellschaftlichen Werte, darunter auch Scheidungsraten von durchschnittlich 30 %, sinkt einerseits die Anzahl der Geburten, während gleichzeitig die Lebenserwartung aufgrund medizinisch-technischen Fortschritts und gesellschaftlichen Wohlstands steigt.

Die Überalterung ließe sich in vielen Industrieländern durch eine positive Nettozuwanderung verzögern – sprich: Die Anzahl der Zuwanderungen muss die der Abwanderungen übertreffen.

Bleiben Zuwanderungs- und Geburtenrate jedoch gleich, werden im Jahr 2050 mehr als 50 % der deutschen Bevölkerung älter als 51 Jahre sein. Zwar werden diese langfristigen Prognosen für die nächsten Jahrzehnte heftig diskutiert, da es zu Strukturbrüchen, gesellschaftlichen Veränderungen und Modifizierungen der Berechnungsgrundlagen kommen kann. In Summe wird aber der Trend zu einer älteren Bevölkerung nicht bestritten.

Rückgang der Anzahl der Erwerbstätigen ist absehbar

Es wird also mehr ältere und weniger junge Menschen geben. Damit sinkt die Zahl der Personen, die im erwerbsfähigen Alter stehen. Weniger Arbeitnehmer und Selbstständige werden einer auf wirtschaftlichen Erwerb ausgerichteten Tätigkeit nachgehen. Für die Unternehmen hat das weit reichende Konsequenzen: So müssen sie ihre Produkte und ihr Marketing immer mehr auf ältere Kunden abstellen. Gleichzeitig gibt es immer weniger junge Nachwuchskräfte, worauf sich das Personalmanagement einstellen muss. Auf lange Sicht ist ein harter Wettbewerb der Firmen besonders um jüngere Mitarbeiter absehbar.

Die demographische Entwicklung wird eine gesellschaftliche Thematisierung des Alterns verursachen, die Mentalitäten, Werte und Medien der Gesellschaft durchdrungen hat. War bisher das 48. Lebensjahr die Grenze in Werbung und Wirtschaft für einen beginnenden Alterungsprozess im Hinblick auf Arbeitsmarktchancen und Leistungseinbußen, liegt der Schwerpunkt heute bereits bei Ende 30. Eine negative Besetzung des Alters führt zur Herausbildung von Stereotypen, einer Stigmatisierung und Diskriminierung der fortschreitenden Lebenszeit, die mit einer unterschwelligen Meinungsbildung das Selbstbewusstsein ganzer Bevölkerungsgruppen beschädigt. Wenn in einigen Jahrzehnten die Älteren die Gesellschaft dominieren, wird sich dies wohl ändern.

Heute leben in Deutschland etwa 55,5 Mio. Menschen zwischen 15 und 65 Jahren, bis 2050 wird ihre Zahl wohl auf 44 Mio. sinken. Wie viele von ihnen dann tatsächlich erwerbstätig sind, hängt davon ab, ob es gelingt, die Arbeitslosenquote zu senken, das Beschäftigungsangebot zu erweitern und die Lebensarbeitszeit zu erhöhen. Vermutlich werden in Deutschland 2050 jedoch weniger Menschen arbeiten als im Jahre 2000. Ob es dann zu einem generellen Arbeitskräftemangel kommt oder ob eher Fachkräfte in spezifischen Segmenten fehlen, bleibt abzuwarten. Deshalb muss der Einzelne sein Arbeitsleben kreativ gestalten und sein Berufsleben anreichern durch wechselnde Phasen des Angestelltenseins, der Selbstständigkeit und der Nichterwerbstätigkeit, somit eine Patchwork-Karriere entwickeln, um vorbereitet zu sein, wenn eines Tages der Run der Unternehmen auf das reduzierte Arbeitsangebot startet.

2. Rationalisierung und Effizienzsteigerung in der Wirtschaft

Die derzeitige Wirtschaftslage und die fortschreitende Globalisierung drängen die Unternehmen zur Kostenersparnis in preissensible Märkte. Dazu gehören Maßnahmen wie Produktionsverlagerung und Reduzierung der variablen und fixen Kosten. Nicht zuletzt kommt der Druck auch von den Kapitalmärkten, wo die Anleger kritisch die Kennzahlen ihrer Unternehmen unter die Lupe nehmen und mit Hilfe von Benchmarking so genannte Verbesserungspotenziale aufzeigen.

Dies führt auch zu Veränderungen in der Arbeitswelt; das Bruttoinlandsprodukt in den alten Bundesländern hat sich zwischen 1960 und 1995 verdreifacht, währenddessen sank das Arbeitsvolumen um 20 %, und die Arbeitszeit pro Beschäftigtem reduzierte sich um 28 %. Die damit verbundene Produktivitätssteigerung brachte mehr Freizeit und weniger Arbeitsbedarf. Was auf der einen Seite eine Chance ist und den Wünschen der Menschen entgegenkommt, zeigt auf der anderen Seite die Problematik einer auseinander gehenden Schere: Wenn nämlich bei längerer Arbeitszeit die Löhne sinken und das Gesamtangebot an Arbeitsplätzen sich verringert, wird die Nachfrage nach Arbeit eher steigen, um die Veränderungen der sozialen Sicherungssysteme aufzufangen und den bisherigen Lebensstandard beizubehalten.

Kostenmanagement reduziert Arbeitsplätze

Strenges Kostenmanagement führt dazu, dass Firmen sich auf ihre Kernkompetenzen fokussieren und Randbereiche abgeben. Betriebliche Aufgaben und Strukturen werden an Drittunternehmen ausgelagert. Mit diesem Outsourcing erfolgt ein Personalabbau bei der Kernbelegschaft. Randfunktionen gehen an externe Dienstleister, die sich auf solche Aufgaben spezialisiert haben und in der Regel günstigere Preise anbieten können. Zwar birgt das Outsourcing auf längere Sicht auch Gefahren, zum Beispiel können durch Abhängigkeiten oder aufgrund von Qualitätsproblemen und Abstimmungsfragen unerwartete Kosten entstehen. Doch die unmittelbaren Einsparungen sind eindeutig. Und dieser Trend wird sich noch verstärken: Im Zuge der Globalisierung werden viele Unternehmen immer neue Prozesse und Teilbereiche weltweit in Länder verlagern, die klare Kostenvorteile durch niedrigere Löhne oder günstigere Steuergesetzgebung bieten.

Deutschland hat als Standort für industrielle Fertigung an Attraktivität verloren, die Alternativen in Osteuropa und Asien scheinen wirtschaftlich interessanter zu sein. Gleiches gilt für die Grundstoffindustrie und die Landwirtschaft. Die Dienstleistungsbranche, die aufgrund der Digitalisierung und Globalisierung der Wirtschaft einen Rationalisierungsprozess durchläuft, kann diese Entwicklung nicht auffangen. Auch hier werden zahlreiche Tätigkeiten durch moderne Technologien ersetzt. Insgesamt sinkt damit die Anzahl der verbleibenden Arbeitsplätze.

Der Abbau von Arbeitsplätzen geht durch alle Hierarchieebenen. Auch Führungskräfte werden vermehrt mit der Tatsache konfrontiert, falls Alternativangebote als angestellter Manager fehlen, sich selbstständig machen zu müssen. Damit müssen sie sich nun im freien Wettbewerb als Unternehmer behaupten, mit allen damit verbundenen Chancen und Risiken, und versuchen, auch diese Situation erfolgreich zu meistern und aus der eigenen beruflichen Laufbahn eine Patchwork-Karriere zu formen.

3. Kontinuierliche Berufstätigkeit contra Akzeptanz von Arbeitslosigkeit

Die Nachrichten klingen irritierend. Einerseits gibt es den Trend zur Verkürzung der Lebensarbeitszeit, andererseits steigt die Arbeitslosigkeit aufgrund fehlender Arbeitsplätze. Viele Mitarbeiter wählen freiwillig Phasen der Nicht-Beschäftigung oder scheiden vorzeitig aus dem Berufsleben aus. Dem steht jedoch die Erkenntnis gegenüber, dass sich die Lebensarbeitszeit verlängern muss, da sonst die Sozialsysteme nicht mehr finanzierbar sind. Also was nun? Arbeitszeit reduzieren oder verlängern?

Veränderung der Lebensarbeitszeit

Geht man von der Annahme aus, dass in einer Volkswirtschaft nur eine begrenzte Menge an Arbeit vorhanden ist, stellt sich die Frage, ob man diese Arbeit gleichmäßig auf alle Arbeitswilligen aufteilen kann, um eine Vollbeschäftigung zu erlangen, oder ob ein gewisses Maß an Arbeitslosigkeit unvermeidbar ist. Grundsätzlich wäre durch die Schaffung neuer Arbeitsplätze eine höhere Beschäftigung möglich, gegebenenfalls sogar eine Vollbeschäftigung. Das mag in einer stark wachsenden Wirtschaft eine Perspektive sein; in der stagnierenden Gegenwart mit dem Trend der Reduzierung und Verlagerung von Arbeitsplätzen lässt sich dieser Gedanke aber kaum realisieren.

Bei 38,8 Mio. Erwerbstätigen im Mai 2005 gab es etwa 440 000 freie Stellen, denen eine offizielle Arbeitslosenzahl von mehr als 4 Mio. gegenüberstand, inoffiziell jedoch schätzungsweise fast doppelt so hoch. Je produktiver die Wirtschaft wird, desto weniger Arbeitnehmer benötigt sie und desto kürzer wird im Durchschnitt die Lebensarbeitszeit sein.

Dem Trend zu kürzerer Arbeitszeit steht nun aber die Erkenntnis gegenüber, dass sich die Lebensarbeitszeit verlängern muss, da sonst die Sozialsysteme nicht mehr finanzierbar sind. Zahlreiche Menschen möchten zudem selbst bestimmen, wann und wie sie ihren beruflichen Ausstieg gestalten. Mit ihrem Erfahrungspotenzial, ihrer Leistungsfähigkeit und ihrem Interesse wollen sie wirtschaftliches und gesellschaftliches Engagement zeigen, das über einen staatlich vorgegebenen Pensionierungszeitpunkt hinausreicht. Wer nach Ausbildung, Studium, Aufbaustudium und Praktika mit Anfang 30 ins Berufsleben startet, kann und will im Alter von 50 nicht wieder ausscheiden. Dazu reicht weder die finanzielle Basis, noch hat sich die Ausbildungsinvestition amortisiert. Ganz zu schweigen von einem erfüllten Berufsleben: Die wenigsten Menschen sehen ihr Ziel in einem Übermaß an Freizeit.

Veränderungen auf dem Arbeitsmarkt

Die demographische Entwicklung bringt wohl erst im zweiten Jahrzehnt unseres Jahrhunderts eine Entlastung des Arbeitsmarktes, wenn die geburtenstarken Jahrgänge nicht mehr im aktiven Berufsleben stehen. Es werden jedoch bereits jetzt jährlich etwa 300 000 qualifizierte Arbeitskräfte netto dem Arbeitsmarkt entzogen, die durch Pensionierung und Auswanderung nicht mehr zur Verfügung stehen bzw. durch Geburtenrückgang nicht mehr nachwachsen.

Die Zukunftsszenarien sind vielschichtig. Nicht zu befürchten sei, dass am Wirtschaftsstandort Deutschland „die Arbeit ausgeht", heißt es im Bericht der Zukunftskommission Baden-Württemberg 1999. So exotisch die Formulierung klingt, die Frage muss gestellt werden angesichts der Verlagerung von Produktion und Dienstleistungen – etwa in den Bereichen Administration, Service oder IT – in Niedriglohnländer.

Die Anforderungen an die verbleibenden Arbeitsplätze werden sich differenzieren und insgesamt steigen. Ein Teil der hochqualifizierten, eher koordinierenden strategischen Arbeitsbereiche lässt sich aufgrund von Kosten oder Logistik nicht verlagern. Sie sind erforderlich, um die Kernfunktionen einer Institution oder eines Unternehmens aufrechtzuerhalten. Ebensowenig verlagerungsfähig sind lokale Dienstleistungen, die direkt vor Ort erbracht werden müssen. Damit gehen Veränderungen in der Arbeitsorganisation und den Arbeitsverhältnissen einher.

Schnelllebigkeit und ständige Neuordnung erfordern auf dem Arbeitsmarkt weitere Variabilisierung, eine Zunahme von befristeten Arbeitsverhältnissen, neue Formen der Teilzeit, flexible Wochenarbeitszeiten und veränderte Arbeitsrhythmen. Das Dauerarbeitsverhältnis einer Vollzeitstelle mit einem klar definierten Stellenprofil und dem festen Arbeitsplatz in einem Büro wird zur Ausnahme werden. Flexibilität und Mobilität betreffend Arbeitsort und Einsatz verlangen vom Einzelnen Disziplin und Selbstbewusstsein. Die Planung des eigenen Arbeitseinsatzes, variable Arbeitszeiten und mehr Projektarbeit ändern Erwerbszeiten und Lebenslauf und führen zu Patchwork-Lebensläufen.

Waren 1980 rund 80 % der Beschäftigten in einem Normalarbeitsverhältnis bei voller Arbeitszeit tätig, so werden es 2010 noch 50 % sein, der Anteil an Arbeitsformen wie Teilzeit, geringfügiger Beschäftigung und Befristung wird permanent steigen. Anfang der 1990er Jahre hatten 16 % der Erwerbstätigen einen Teilzeitjob, im Jahr 2004 sind es mit mehr als 9,5 Mio. bereits 29 %.

4. Finanzierung der Sozialsysteme fraglich

Mehr als hundert Jahre haben die alten Sozialsysteme gehalten. Heute muss sich der Einzelne umorientieren und kann sich nicht mehr auf die vorhandenen Systeme verlassen. Es heißt Eigenverantwortung übernehmen, um gegen Eventualitäten gewappnet zu sein, da Betriebe, Krankenkassen und Rentensystem nicht mehr für die lebenslange Vorsorge und Rundumbetreuung aufkommen.

Überforderung der Kranken- und Rentenversicherung

Betrug das Verhältnis im Jahre 1950 von Rentner zu Erwerbsperson 1 zu 3,9, liegt es 2004 bei 1 zu 2,5 und wird wohl bis ins Jahr 2030 auf 1 zu 1,3 sinken. Die Handlungsoptionen der Politik sind unpopulär, seien es die Anhebung des Rentenalters, Aufhebung der Förderung von Altersteilzeit, Frühpensionierung, Kürzung der Rentenansprüche oder Erhöhung der Beiträge bei den Sozialversicherungen. Es sind Maßnahmen, um der steigenden Zahl an Menschen mit Rentenansprüchen und der sinkenden Zahl derjenigen, die in das Rentensystem einzahlen, überhaupt Herr zu werden.

Die Variabilisierung des Faktors Arbeit gibt die Verantwortung zu großen Teilen an den Einzelnen zurück. Dieser muss nun lernen, systematisch umzudenken. Das betrifft die sozialen Sicherungssysteme, aber auch den ganzen Bereich der Arbeit. Künftig werden nicht mehr der Staat oder der Arbeitgeber als langfristige Partner fungieren, die trotz aller sozialen Auseinandersetzungen eine fürsorgende, teils sogar patriarchalische Rolle gegenüber den Beschäftigten in der Vergangenheit ausgeübt hatten. Den Arbeitsmarkt dominieren heute die Begriffe Wirtschaftlichkeit und Shareholder Value (Nutzen für die Aktionäre, Unternehmenswert).

Für den Beschäftigten bedeutet das, Selbstverantwortung zu übernehmen. Er muss seine eigene Arbeitskraft erhalten, anbieten und immer wieder vermarkten. Der ökonomische Druck, für sich und seine Familie zu sorgen, wird wachsen, wenn der Hauptverdiener kein dauerhaftes Arbeitsverhältnis mehr findet. Es muss ihm gelingen, die Puzzlestücke verschiedener Arbeits- und Einkommensformen so zu einer Patchwork-Karriere zusammenzufügen, dass er seinen Lebensunterhalt verdienen, aber auch genügend Ersparnisse für Zeiten ohne Einkommen und für die Alterssicherung generieren kann.

Der bisherige Drei-Generationen-Vertrag wird aufgrund des Älterwerdens der Bevölkerung zum Fünf-Generationen-Vertrag, da mehr Generationen in einem Haushalt und in der Gesellschaft parallel miteinander leben. Grundgedanke bei der Etablierung ist der soziale Solidargedanke, der sich u. a. zeigt bei der Berücksichtigung von Abschnitten ohne Beitragsleistung wie zum Beispiel Kindererziehungszeiten. Das derzeit diskutierte Rentenproblem basiert auf dem Effekt, dass die Einnahmen den Ausgaben nicht mehr entsprechen, da eine reine Finanzierung bereits heute aufgrund der demographischen Entwicklung und der hohen Arbeitslosigkeit nicht mehr möglich ist; deshalb erfolgt eine Unterstützung durch Bundeszuschüsse. Somit gibt es keinerlei Zukunftsreserven, und immer höhere Rentenzahlungen müssen von immer weniger Beitragszahlern aufgebracht werden. Die aktiv Zahlenden finanzieren die vorige Generation, sparen also im System nicht für die eigene Alterssicherung, sondern vertrauen darauf, dass künftige Generationen sich an den Vertrag halten und für sie zahlen werden.

Rein rechnerisch müsste bis 2050 der Beitragssatz für die nachwachsende Generation um das Doppelte steigen oder das Rentenniveau um die Hälfte sinken oder das Renteneintrittsalter dramatisch verzögert werden – alles extrem beunruhigende Szenarien besonders für die heute jungen Erwerbstätigen.

Die demographische Entwicklung führt auch bei der Krankenversicherung zu Problemen. Immer mehr Mitglieder werden zunehmend älter, was mit steigenden Kosten für einen hohen medizinischen Standard im Gesundheitssystem verbunden ist. Auch in der Kranken- und Pflegeversicherung gilt der Generationenvertrag. Das vom Beitragszahler derzeit eingezahlte Geld steht ihm nicht für den eigenen Bedarf im Alter zur Verfügung, sondern fließt in den Aufwand der heutigen Krankheitsversorgung. Durch die stetig steigende Anzahl der über 80-Jährigen, die als Hochbetagte bezeichnet werden, erhöhen sich die Ausgaben für Pflege und Krankheit; können künftig kaum noch die eigenen Kinder die Pflege übernehmen, werden kostspielige Pflegeleistungen auf die Kassen zukommen. Die Kostenexplosion im Gesundheitswesen führt zu Diskussionen über Veränderungen im System; der Einzelne muss damit rechnen, höhere Beiträge für Gesundheitsvorsorge und Versorgung im Krankheitsfall aus eigener Tasche zu zahlen.

Sozialstaat an seinen Grenzen

Die Schwierigkeiten bei der Finanzierung der Sozialsysteme machen vor allem deutlich: Die Pflichtversicherungen decken nur noch eine Basis, der Beschäftigte kann sich nur mehr eingeschränkt auf die Versicherungssysteme verlassen. Verstärkt wird er finanzielle Risiken selbst abdecken und Vorsorge dafür treffen müssen, dass seine Arbeitskraft erhalten bleibt oder er bei Problemen finanziell zuzahlen kann. Die Rundumversorgung des Sozialstaates im klassischen Sinn gibt es nicht mehr. Damit werden Risiko und Finanzierung von Alter, Krankheit und Arbeitslosigkeit vermehrt auf das Individuum übertragen.

Für die heutigen und künftigen Erwerbstätigen kristallisiert sich heraus, dass größere Veränderungen anstehen, die das Leben und den Lebensstandard jedes Einzelnen signifikant beeinflussen und in die Karriereplanung einbezogen werden müssen.

Lebens- und Arbeitsformen im Wandel

3

1. Lebensphasen sind
   kaum noch planbar 28

2. Loyalität auf Zeit 31

3. Variable Arbeitsformen –
   die Basis der Patchwork-Karriere . . 35

4. Nehmen Sie Ihre Karriere
   in die Hand 41

1. Lebensphasen sind kaum noch planbar

Erinnern wir uns an die Generation unserer Großeltern. Arbeitsbeginn mit 14 Jahren und Rente mit 65 waren damals die Regel, ein 40-jähriges Dienstjubiläum durchaus üblich, auch 50 Jahre Betriebszugehörigkeit lagen im Bereich des Möglichen. Ganz anders heute: Weder die Arbeitgeber noch die Arbeitnehmer favorisieren diesen Weg. Treue und Engagement ja – doch sehen beide Seiten auch Vorteile im Wechsel. Sie versprechen sich dadurch neue Impulse und frischen Wind in der Hoffnung, damit Betriebsblindheit zu vermeiden. Dass Veränderung und Rotation auch ausarten und zu einer „hire and fire"-Mentalität führen können, steht auf einem anderen Blatt.

Der dreiteilige Lebenslauf: ein Auslaufmodell

Noch prägen die linearen Biographien unser Selbstverständnis. Sie gehen von einer Lernphase von 20 bis 30 Jahren aus, es folgen 25 bis 30 Jahre Arbeit, dann 20 bis 30 Jahre Ruhestand. Gerade das Gros der mittleren Generation, die heute 30- bis 50-Jährigen, haben dieses Lebens- und Bildungsmodell verinnerlicht und erwarten, dass es verlässlich und tragfähig ist. Diese typische Biographie der fest abgrenzbaren Lebensabschnitte Ausbildung, Erwerbsleben, Ruhestand mit gewissermaßen planbaren Arbeitszeiten, Gehaltsentwicklungen und Aufstiegsmöglichkeiten wird sich jedoch überholen. Bereits heute spricht man von Patchwork-Biographien. Waren Karriere und materieller Status in den letzten Jahrzehnten recht gut planbar, wird künftig während eines Arbeitslebens die Anzahl der Jahre mit Beschäftigung sinken, die der arbeitslosen Jahre steigen. Diese Realität mit all ihren Friktionen zu gestalten und zu managen liegt in der Verantwortung des Individuums.

Folgt man der traditionellen Unterteilung, umfasst das Leben drei Abschnitte: Jugend, Erwerbstätigkeit, Ruhestand. Das rechtlich wichtige Datum ist für den Menschen die Volljährigkeit; als soziologisch wichtig wird der Eintritt ins Erwerbsleben gesehen. Für einen Großteil der Bevölkerung dauerte die Phase des Erwerbslebens vom 20. bis zum 65. Lebensjahr. Im Anschluss folgte der Ruhestand, definiert über das offizielle Renteneintrittsalter. Plakativer bezeichnet Norbert Bolz in seinem Beitrag zu „Trend 2004", herausgegeben vom Trendbüro Hamburg, die Zeitphasen des sozialen Lebens: Der „Exploration", Phase der Neugier und Frechheit, folgt die Zeit des „Advancement", in der der Schwerpunkt auf der eigenen Karriere liegt und selektiert wird, was dem eigenen Fortkommen hilft. In der abschließenden dritten Phase „Protection" soll das Erreichte gesichert und stabilisiert werden.

Seit den 1970er Jahren hat sich diese Einteilung verändert. Matthias Horx, Leiter des Zukunftsinstituts in Kelkheim (Megatrends), etwa erweitert die typische Lebensbiographie auf fünf Phasen: An das Teenager-Alter schließt sich eine Phase der Selbstfindung, des Ausprobierens und Suchens an, auch als Postadoleszenz bezeichnet. Der Zeitraum des Erwerbslebens wird verkürzt und beginnt aufgrund der verlängerten Jugend erst mit 30 Jahren und endet durch einen so genannten „zweiten Aufbruch" mit etwa 50 Jahren. Oftmals geht mit diesem Aufbruch eine Reflexion einher, verbunden mit einer privaten oder auch beruflichen Veränderung und Neuorientierung, bevor dann ein mehr oder weniger typischer Ruhestand folgt. In der Realität lässt sich beobachten, dass die meisten Menschen ihre effektive Berufstätigkeit mit 30 beginnen und dann bereits ab Mitte 40 in eine schwierige Situation kommen, was den Arbeitsmarkt angeht. Da Unternehmen die über 50-Jährigen größtenteils abgebaut haben, bleiben oft gerade mal 15 bis maximal 20 Jahre effektive Berufszeit, um den Lebensunterhalt zu verdienen und für den Ruhestand vorzusorgen.

Der Lebensmittelpunkt kommt später

Mit 30 Jahren, so sagte man früher, erreicht ein Mensch seine größte körperliche und intellektuelle Fitness, später lassen angeblich Logik und Gedächtnis nach. Heute hat sich das Bild geändert: Die körperliche Leistungsfähigkeit steigert sich ab Mitte 30 nicht mehr, lässt sich aber durch sportliches Training lange auf hohem Niveau halten. Noch viel länger kann die geistige Fitness erhalten bleiben. Konstant bleiben soziale und sprachliche Fähigkeiten, und die Zunahme an Erfahrungen macht es auch noch bis zu einem Alter von 50 Jahren möglich, dass die Produktivität aufgrund des effizienteren und gezielteren Einsatzes der eigenen Ressourcen ansteigt. Der Vorteil der Älteren liegt darin, dass sie in der Regel effizient sind und nicht mehr so viel Zeit darauf verwenden, Dinge zu lernen, zu erforschen, zu versuchen. Mit dem Alter stellt sich eine gewisse Risikoaversion ein. Jüngere dagegen probieren mehr aus, gehen spielerischer mit Themen um, entwickeln dadurch auch eher neue Ideen.

Den 30- bis 50-Jährigen, den eigentlichen gesellschaftlichen Leistungsträgern, wird viel aufgebürdet: Sie müssen beruflich volle Leistung bringen, Karriere machen, ihre finanzielle Existenz aufbauen und sichern, für ihr Alter Geld verdienen, ihre körperliche und geistige Leistungskraft bewahren und steigern, eine Familie gründen und versorgen, Kinder aufziehen – und mit ihrem Einkommen die Rentnergeneration finanzieren. Politisch und gesellschaftlich wird erwartet, dass sie sich engagieren, Beruf und Freizeit kombinieren. Sie sollen zwischen den Generationen, zwischen Kindern und Großeltern vermitteln und – wenn es notwendig wird – auch die Betreuung pflegebedürftiger Familienmitglieder übernehmen. Nahezu zwangsläufig kommen da einzelne Bereiche zu kurz, allzu oft münden diese Anforderungen in Überlastung und Stress.

Weiterbildung begleitet Beruf und Leben

Jeder Wegabschnitt, jede neue Abzweigung erfordert zusätzliches Wissen. Wer im Wirtschaftsleben bestehen will, benötigt sehr viel mehr Weiterbildung. Hatte früher das in Schule und Ausbildung erworbene Wissen ein Leben lang gereicht, gilt es heute, sich permanent zu qualifizieren, neue Methoden, Fachkenntnisse und Fertigkeiten zu erlernen, mehrere Berufe im Laufe seiner Biographie auszuüben. Die Beschleunigung des technischen Fortschritts und die zunehmende Komplexität unserer Lebensbedingungen und wirtschaftlichen Zusammenhänge lassen Wissen immer schneller veralten. Wer nicht regelmäßig in seine eigene Aus- und Fortbildung investiert, dem droht das berufliche Abseits oder der Abstieg.

Was die Situation so dramatisch macht, sind zwei gegenläufige Trends: Einerseits sinkt die Halbwertzeit des Wissens, andererseits wächst die Bedeutung des verfügbaren aktuellen Know-hows.

Praxis-Tipp:

Wer mithalten und attraktiv für Unternehmen und Auftraggeber bleiben will, muss deshalb für die eigene Aus- und Weiterbildung sorgen – sei es berufsbegleitend oder zwischen zwei Arbeitsphasen.

Employability ist das Schlagwort, die Erhaltung der Vermittelbarkeit für den Arbeitsmarkt. Schon heute zeichnet sich ab, dass hier auf die Eigeninitiative der Beschäftigten gesetzt wird. Die unternehmerische Fürsorgepflicht für die Weiterbildung und Weiterentwicklung der Beschäftigten verblasst zusehends.

Erfolgreiche Patchwork-Karrieren zeigen, welche Bedeutung die Weiterbildung hat. Hier wechseln sich Arbeits- und Bildungsphasen ab oder werden parallel verfolgt. Auf diese Weise gelingt es, sich marktfähig zu halten und attraktiv für wechselnde Positionen zu sein.

2. Loyalität auf Zeit

In den Unternehmen findet ein Struktur- und Wertewandel statt, der für die Mitarbeiter weitreichende Folgen hat. Die Perspektiven sind zunehmend unsicher. Immer seltener wird es möglich, eine Karriere auf einer verlässlichen Position aufzubauen. Wer die Qualifikationen für die neue Zeit erfüllt, wird von den Unternehmen umworben, jedoch ebenso schnell wieder fallengelassen, wenn sich die Bedingungen ändern – eine Loyalität auf Zeit.

Unternehmen: Die Finanzziele werden vorrangig

Ein Unternehmen legt Ziele fest, an denen sich das unternehmerische Handeln ausrichtet. Das sind sowohl quantitative Ziele wie Umsatz, Gewinn, Marktanteile als auch qualitative Ziele, die sich auf soziale, ökologische oder führungsbezogene Aspekte beziehen. In der Regel gibt es ein Oberziel, eine Vision, das auf Unterziele heruntergebrochen wird, um auf diese Weise den Unternehmenszweck erfolgreich umzusetzen. Das Ziel- und Maßnahmenbündel orientiert sich in erster Linie an den finanzwirtschaftlichen Kriterien, die in den letzten Jahren verstärkt wieder zum Tragen kommen. Mitarbeiterorientierung und soziales Engagement werden hoch gehalten, jedoch müssen Rentabilität und Kennzahlen stimmen, denn nur so ist das langfristige Überleben des Betriebes gesichert. Das finanzielle Ergebnis steht umso mehr im Vordergrund, wenn das Unternehmen von seinen Anteilseignern und Geldgebern – seien es Aktionäre oder Banken – abhängig ist, denn Wirtschaften benötigt Kapital, und das steht im internationalen Wettbewerb. Die Anforderungen der Geldgeber bestimmen somit die Entscheidungen des Managements. Die Gefahr ist, dass andere Aspekte dabei zu kurz kommen – denn in aller Regel legt ein Unternehmen einen durchaus hohen Wert auf ein ganzes Bündel von Zielen.

Mitarbeiter kennen in sieben von zehn Unternehmen die Ziele und identifizieren sich damit, so eine Studie der Bonner Beratungsfirma Deep White in Zusammenarbeit mit dem MCM Institut der Universität St. Gallen 2004. Aus Verantwortungs- und Pflichtgefühl fühlen sie sich in sieben von zehn Firmen zu Höchstleistungen angespornt. Entscheidungen werden von oben getroffen, Führung findet durch Vorgaben und Kontrollieren der Ergebnisse statt. Gemeinhin dominiert die Kultur der Macht und Leistungsanforderung, Anerkennung von Leistungen erfolgt selten. Werden die Unternehmenswerte dann auf den Arbeitsplatz, den Bereich des Individuums angewendet, dominiert die Leistungskultur mit quantitativen Werten. Zwar ist das kein Garant für Unternehmenserfolg, erscheint dem Management aber immer noch verlässlicher, als die Mitarbeiter durch eine Vision zu motivieren, wie es viele Wissenschaftler und Berater empfehlen.

Der Arbeitsnomade von morgen, der an seiner Patchwork-Karriere bastelt, sucht sich sein Auskommen bei verschiedenen Unternehmen. Das bedeutet für ihn, dass er sich auf immer wieder andere Unternehmensziele und Unternehmenskulturen einlassen und dem Geist des jeweiligen Hauses entsprechend agieren muss. Erleichternd wirkt dabei, dass Unternehmenskulturen immer öfter von abstrakten ökonomischen Vorgaben geprägt sind und deshalb einander ähneln. Mission Statements erscheinen fast sinnentleert, denn die Unternehmenskulturen sollen stark, aber hochgradig flexibel sein, somit haben sie einen relativ hohen Abstrahierungsgrad, der für den Mitarbeiter relativ unkonkret ist. Dennoch muss er sich darauf einstellen, dass in einem

Unternehmen je nach Land, Projekt oder Funktionsbereich eine spezifische Kultur gelebt wird. Der Wertekanon setzt sich in der Regel aus einer Mischung von quantitativen Vorgaben und qualitativen Werten zusammen, mit denen sich der Patchworker arrangieren muss. Damit ist es dann aber auch genug. Die volle, lebenslange Identifikation mit einem Arbeitgeber gehört definitiv der Vergangenheit an.

Mitarbeiter: Erst umworben, dann abgestellt

Weniger Mitarbeiter müssen mehr leisten – mit dem Effekt, dass die Arbeit intensiver und konzentrierter wird. Zukunftsforscher Horst Opaschowski bringt es auf die Formel: 0,5 x 2 x 3, die Hälfte der Mitarbeiter verdient doppelt so viel und muss dafür dreimal so viel leisten wie früher – so schrieb er 2004 in „Deutschland 2020". Führte im letzten Jahrhundert der technische Fortschritt dazu, dass sich die körperliche Belastung reduzierte, haben sich nun die Quantität, das Tempo, die Intensität und die intellektuellen Anforderungen erheblich gesteigert. Technischer Fortschritt und die Nutzung der neuen Medien in allen Bereichen wirken sich jetzt in hohem Maße auf das Arbeitsumfeld und die Leistungskriterien aus.

Das hat natürlich Folgen für die Mitarbeiter. Gesucht werden lösungsorientierte Arbeitskräfte, die zudem situationsgerecht und effizient arbeiten. Sie müssen in der Lage sein, dem Auftraggeber Zutrauen in ihre eigenen Fähigkeiten zu vermitteln, sie müssen selbstbewusst und auch bereit sein, Verantwortung zu übernehmen. Doch selbst dann dürfen sie nicht mit einer Beschäftigung auf Dauer rechnen. Der implizite Leistungsdruck stellt immer höhere Anforderungen und erwartet Höchstleistungen. Werden diese nicht mehr erfüllt, verliert eine Arbeitskraft für das Unternehmen schnell ihre Attraktivität. Schon heute lässt sich in einigen Berufsfeldern, zum Beispiel im Investmentbanking oder in Wirtschaftskanzleien, dieser Effekt beobachten: Mitarbeiter beginnen ihre Karriere, wenn sie jung, form- und belastbar sind, werden zu Spitzenleistungen angetrieben, um dann aus dem Kreislauf auszuscheiden. Einige Jahre haben sie volle Leistung erbracht und sind von heute auf morgen nicht mehr gefragt. Sie gelten als verbraucht, weil sie den Anforderungen nicht mehr entsprechen.

Lebens- und Arbeitsformen im Wandel

Um für Mitarbeiter attraktiv zu sein bieten Unternehmen im Rahmen der Corporate Culture eine Zugehörigkeit, kommunizieren einen Wertekanon, versprechen Loyalität und Attraktivität. Dafür fordern sie Engagement, Durchsetzungsvermögen und Flexibilität. Der Mitarbeiter hat sich offen zu zeigen, wenn es darum geht, Positionen im In- und Ausland zu akzeptieren. Er muss bereit sein, ständig neue Aufgaben und Projekte zu übernehmen, oft ohne Chance, diese auch erfolgreich zu Ende zu führen. Der Wandel fordert es. Die Ideen der Work-Life-Balance werden solange hochgehalten und gefördert, wie sie im Zielkanon des Unternehmens liegen. Solange ein Angestellter mit seiner Leistung Nutzen bringt, engagiert sich der Betrieb für ihn und achtet darauf, ihn auch als Mensch zu binden. Aus dem „please stay" wird aber ad hoc ein „go", wenn die Geschäftspolitik Abbau erzwingt oder die Anforderungen nicht mehr erfüllt werden.

Den Beschäftigten wird also eine ganze Menge zugemutet. Sie sollen ein Umdenken herbeiführen, neue Strukturen implementieren und für Produktivitätssteigerungen sorgen, die letztendlich ihre eigenen Arbeitsplätze eines Tages überflüssig machen. Unternehmen fordern volle Leistung und zahlen für die Gegenwart. Kaum ein Arbeitgeber wagt es noch, eine Perspektive für die Zukunft aufzuzeigen – weiß er doch selbst nicht, wie lange die Firma existieren wird, ob es noch Beförderungen gibt, ob Arbeitsplätze nicht doch abgebaut oder verlagert werden. Bedingungslose Loyalität und voller Einsatz werden erwartet bis zu dem Tag, an dem das Unternehmen neu entscheidet. Das ist dann nicht nur hart für jenen Mitarbeiter, der sein ganzes Berufsleben „seinem" Arbeitgeber gewidmet hat. Wer sich auf seinen Job verlassen und seine Karriere mit allem beruflichen Engagement aufgebaut hat, fühlt sich vor den Kopf gestoßen, wenn er plötzlich in einer Sackgasse landet.

Doch genau dieses Schicksal ist typisch für die neue Zeit. Auf einmal wird aus dem Beruf der Lebensabschnittsjob – auswechselbar, endlich, eine Station der Patchwork-Karriere vor dem nächsten Wechsel. Das gilt nicht nur für den Angestellten, sondern auch für den Selbstständigen. Auch für ihn werden Veränderung und Wechsel zum Bestandteil seines Lebens – etwa dann, wenn er vor dem Aus steht, weil er aufgrund von Zahlungsausfällen den Boden unter den Füßen verliert.

3. Variable Arbeitsformen – die Basis der Patchwork-Karriere

Das typische Normalarbeitsverhältnis mit unbegrenztem, meist lebenslang währendem Arbeitsvertrag bei einem Arbeitgeber, festen Arbeitszeiten, fixem Gehalt, einer festgeschriebenen Arbeitsaufgabe und einem festgelegten Arbeitsort war früher die Norm. Heute gibt es bereits viele Varianten – und künftig wird die Veränderung zum Beschäftigungsalltag gehören. Patchwork-Biographien zeichnen sich aus durch Wechsel und Weiterentwicklung. Das betrifft die Unternehmen, die Branchen, die Funktionen, aber auch das zeitliche Engagement, das Entgelt und den Ort. Doch welche Formen werden angeboten, was kennzeichnet die einzelnen Varianten?

Formale Sicherheit wird zunehmend brüchig

Für den Angestellten ebenso wie für den Beamten ist ein Arbeitsplatz mit klar definierter Aufgabe und Position die traditionelle Beschäftigungsform. Kennzeichnend sind Verlässlichkeit und Konstanz trotz aller Veränderungen und Umstrukturierungen des wirtschaftlichen Umfeldes.

Der Beamte verfügt über einen relativ hohen Sicherheitsgrad. Meist ist die Besoldung im Beamtenverhältnis niedriger als vergleichbare Angestelltenpositionen in der freien Wirtschaft, jedoch wiegen die attraktiven Versorgungsleistungen und die nicht kündbaren Positionen viel auf. Die Besoldung ist an Dienstjahren orientiert, der Trend geht auch hier zu mehr leistungsbezogenen Verdienstanteilen.

Für den Angestellten führen Outsourcing, Fusion, IT-Umstellung dazu, dass immer häufiger klassische Funktionen und Aufgaben von Projektarbeit überlagert werden und viele Beschäftigte keine auf Dauer fest umrissenen Aufgabenbereiche mehr haben. Die dabei benötigten Fähigkeiten sowohl in fachlicher wie auch menschlicher Hinsicht betonen stark das selbstständige Arbeiten und kreative Gestalten. Sie ähneln der Tätigkeit von Selbstständigen – und münden oft auch tatsächlich in die Selbstständigkeit, sei es durch Ausgliederung erzwungen oder selbst gewählt. Die Rolle des Unternehmers liegt nicht jedem, doch wird der Wechsel vom Angestelltendasein in die Selbstständigkeit und zurück immer häufiger notwendig sein.

Trotz Kündigungsschutzgesetz hat sich die mehr oder weniger freiwillige Fluktuation durch Personalabbau und Restrukturierungen erhöht, so dass auch unlimitierte Arbeitsverträge kein Garant mehr für eine Dauerbeschäftigung sind. Künftig wird es immer häufiger zu befristeten Arbeitsverträgen kommen. Zudem nimmt der Druck von Arbeitgeberseite zu, den Kündigungsschutz einzuschränken.

Auch Zeitarbeit liegt im Trend, bietet sie doch dem Unternehmen eine hohe Flexibilität beim Einsatz von Arbeitskräften. Aus dem Blickwinkel der Berufstätigen erscheint die Zeitarbeit als längerfristige Perspektive wenig attraktiv, könnte aber bei den Patchwork-Lebensläufen an Bedeutung gewinnen. Über Zeitarbeit kann der Wiedereinstieg ins Berufsleben erfolgen, wenn nach einer Familienpause oder Arbeitslosigkeit keine direkte Festanstellung gefunden wird.

Vom festen Aufgabenbereich zur Projektarbeit

Traditionell gehört zu jeder Stelle im Unternehmen ein fester Aufgabenbereich, so dass der Angestellte klare Rechte und Pflichten hat. Eine Stellenbeschreibung hält Aufgaben und Funktionen fest und ordnet sie damit in die Gesamtorganisation ein. Die moderne Informationstechnologie bricht diese althergebrachten Strukturen auf, weil sie problemlos über die Abteilungsgrenzen und Hierarchiestufen hinweg kommunizieren kann. Arbeitsvorgänge und Informationen werden parallel weitergegeben, Leistungsprozesse laufen nebeneinander und nicht mehr hintereinander ab. Dies führt zu einer Neuverteilung der Aufgaben, das starre Organigramm mit festen Arbeitsplatzbeschreibungen wandelt sich.

Der Unternehmensalltag wird immer mehr durch Sonderaufgaben überlagert, die oft in Form von Projekten abgewickelt werden, die neben oder außerhalb der ursprünglichen Betriebsaufgaben laufen und diese möglichst wenig beeinträchtigen sollen. Die Projektarbeit wird von Mitarbeitern zusätzlich zu ihren laufenden Aufgaben wahrgenommen. Je nach Größe des Projektes werden eigene Kräfte dafür vollzeitig eingesetzt sowie externe Kapazitäten, seien es Berater,

Selbstständige oder spezielle Firmen, einbezogen. Arbeitsverträge oder vertragliche Regelungen für Projektarbeit sind projektorientiert und zeitlich befristet. Zudem enthalten sie in der Regel genaue Zielvorgaben und beschreiben qualitativ und quantitativ Inhalt und Umfang der Aufgabe sowie die erwarteten Arbeitsergebnisse.

Für den modernen Patchworker, dem klar ist, dass er eingefahrene Gleise früher oder später verlassen muss, bieten sich hier hervorragende Möglichkeiten, um neue Arbeitsfelder zu testen und die eigenen Fähigkeiten weiterzuentwickeln.

Flexibel und befristet: Die festen Arbeitszeiten lösen sich auf

Ein zeitlich unbegrenzter Arbeitsvertrag, in der Regel Vollzeit mit fünf Arbeitstagen und einer Arbeitszeit von 35 bis 40 Wochenstunden, volle Sozialabsicherung, dazu meistens noch eine gewerkschaftliche Regulierung – so lässt sich die klassische Arbeitsform beschreiben.

Diese Normalarbeitszeit steht immer mehr in Frage. Zahlreiche Beschäftigte arbeiten regelmäßig oder gelegentlich in Schichten, auch nachts oder am Wochenende. Etwa ein Drittel der Arbeitsverhältnisse dauert weniger als ein Jahr, und jeder Fünfte arbeitet in Teilzeit. Daneben sind bereits heute im öffentlichen Dienst 55 % aller Stellen im Westen und 85 % im Osten Deutschlands befristet. Diese Anteile sind fast doppelt so hoch wie in der Privatwirtschaft. Darüber hinaus arbeiten unzählige Menschen als geringfügig Beschäftigte.

Eine feste Regelung der Arbeitszeit gibt es nur noch in den eher traditionellen Anstellungsverhältnissen. Und selbst dort setzt sich der Trend zu einer Flexibilisierung durch: Unternehmen können den Mitarbeitereinsatz besser planen, vermeiden unproduktive Arbeitszeiten und verbessern die Wirtschaftlichkeit, indem sie die Beschäftigung den Kunden- und Marktbedürfnissen anpassen. Manchen Mitarbeitern kommt dies entgegen, da sie dadurch selbst Einfluss nehmen können, wann sie arbeiten, oder auch die Möglichkeit haben, größere Freizeitkontingente zu verbinden. Diese variablen Arbeitszeiten, ob tageweise, in Wochen- oder Monatsblöcken, haben Vorteile, unterliegen jedoch letztendlich immer den Entscheidungen des Arbeitgebers.

Im Allgemeinen bevorzugen Mitarbeiter das klassische Beschäftigungs-modell. Die wenigsten haben Interesse an Zeitarbeit, Job-Sharing, Tele-arbeit, Teilzeit oder Verkürzung der Arbeitszeit aus dem einfachen Grund: weniger Arbeit bedeutet weniger Lohn. Auch wenn Belastung und Stress am Arbeitsplatz beklagt werden, sind geringeres Einkom-men und kürzere Arbeitszeiten selten eine Alternative. Etwa 70 % der Bevölkerung haben den Wunsch, auch im 21. Jahrhundert so zu leben und zu arbeiten wie die Eltern: fest angestellt und mit geregeltem Fei-erabend. So belegt es eine Befragung des B.A.T. Forschungsinstituts, die Prof. Horst Opaschowski 2004 veröffentlichte (Deutschland 2020).

Klar ist, dass dieser Wunsch nicht in Erfüllung geht. Der Trend zu fle-xiblen Arbeitszeiten wird sich weiter durchsetzen, und über den gesamten Lebenszyklus hinweg werden sich Phasen intensiver Arbeits-zeit mit Phasen durchschnittlicher, unterdurchschnittlicher oder keiner Beschäftigung abwechseln. Gerade engagierte Arbeitnehmer kennen schon heute exzessives Arbeiten, das zu Beginn der Berufstätigkeit, aber auch im weiteren Erwerbsleben immer wieder vorkommt. In eini-gen Positionen und Branchen gehören diese Perioden, in denen einem Mitarbeiter Höchstleistungen abverlangt werden, sogar zum Image.

Für den Mitarbeiter bedeuten solche Vereinbarungen mehr freie Zeit für Familie und eigene Aktivitäten, dem Unternehmen geben sie die Möglichkeit, auf Marktschwankungen und Nachfrage besser zu rea-gieren, Menschen und Maschinen produktiver zu nutzen. Die Modelle bringen Flexibilität auf beiden Seiten und müssten eigentlich einhellig auf große Zustimmung stoßen. Die Wirklichkeit sieht anders aus, da die gesellschaftliche Norm die Vollbeschäftigung hoch bewertet. Wer weniger arbeitet – so die immer noch vorherrschende Assoziation – leistet weniger, ist unterbeschäftigt, vielleicht sogar minderwertig. Je höher die Hierarchiestufe, desto weniger Teilzeitkräfte findet man. All-zuoft werden sie bei Beförderungen und Karriereplanungen übergan-gen. Zu Unrecht, wie sich belegen lässt: Erfahrungsgemäß arbeiten Teilzeitbeschäftigte effizienter und sind seltener krank. Gerade in höher qualifizierten Funktionen engagieren sie sich oft weit mehr als vereinbart, um die Aufgaben zu erfüllen.

Trotz Widerstände ist der Trend eindeutig. Die Beschäftigten werden sich immer häufiger auf flexible Arbeitszeiten einstellen müssen. Sie müssen sich damit abfinden, dass ihr Berufsleben sie phasenweise völlig in Anspruch nimmt, ihnen dann aber auch wieder viel Zeit lässt. Mit diesem Wechsel zurecht zu kommen, die damit verbundenen Chancen zu erkennen und zu nutzen – genau darin liegt der Charme einer Patchwork-Karriere.

Vom festen Lohn zur variablen Bezahlung

Ebenso wenig wie die festen Arbeitszeiten passt auch die Lohntüte mit dem festen Gehalt in die neue Zeit. Immer häufiger setzen sich Zusatzleistungen und variable Bestandteile bei der Bezahlung durch, die aber nicht garantiert werden. Der Trend geht zu niedriger Grundvergütung, und erst die variablen Vergütungsteile machen die finanzielle Attraktivität einer Position aus. Dies hat für das Unternehmen den Vorteil, dass es die Fixkosten niedrig hält, sofern es ihm tatsächlich gelingt, den variablen Teil der Bezahlung direkt an die Leistung des Mitarbeiters und den Unternehmenserfolg zu binden. Das heißt für den Mitarbeiter, dass es Jahre gibt, bei denen er nur seine Grundvergütung erhält, dann aber auch Jahre, in denen er einen hohen Bonus kassieren kann. Sein Einkommen hängt von der persönlichen Leistung, aber auch vom Ergebnis des Gesamtunternehmens ab. Im Extremfall kann das bedeuten, dass in schlechten Jahren der Bonus auf Null fällt, selbst wenn der Mitarbeiter Spitzenleistungen erbracht hat. Für den Beschäftigten empfiehlt es sich daher, der eigenen Finanz- und Lebensplanung nur das Fixum zugrunde zu legen.

Ursprünglich sollte das Senioritätsprinzip den Mitarbeiter langfristig in der Firma halten mit dem Gedanken, dass bei Einstieg ins Berufsleben die Bezahlung am unteren Ende einer stetig steigenden Skala liegt. Noch immer weit verbreitet ist das System, bei dem der Verdienst relativ automatisch mit dem Alter ansteigt. Aufgrund der Bevölkerungsentwicklung ist jedoch eine alternde Belegschaft zu erwarten; dies hat zur Folge, dass das System des altersbedingten Verdienstanstieges für die Unternehmen unbezahlbar wird. Forderungen nach einer fairen leistungs- und erfolgsabhängigen Bezahlung nach individueller Produktivität, also einer niedrigen Grundvergütung mit einem hohen variablen Leistungsanteil werden lauter. Dadurch bekommen Jüngere wie Ältere gleichermaßen einen Anreiz, sich für das Unternehmen zu engagieren. Bei Patchwork-Karrieren kann es Zeiten der Prosperität geben, denen längeren Phasen mit niedrigem Gehalt oder sogar ohne Einkünfte folgen.

Firma als zweite Heimat:
vom festen Arbeitsplatz zum virtuellen Büro

Flexibilisierung macht auch nicht vor dem Arbeitsort Halt, seien es die räumliche Umorganisation, der Wechsel von Einzel- hin zu Großraumbüros oder die Notwendigkeit des Umzugs bei einer Verlagerung des Standortes. Daneben verändert sich auch im Rahmen der Kostenanalyse die Nutzung eines teuren Büroplatzes. Der Trend geht zu einer Entlokalisierung, in vielen Bereichen ist dank Laptop und Internet die Tätigkeit nicht mehr an einen fixen Platz am Unternehmensstandort gebunden.

Der klassische Schreibtisch, der die räumliche Komponente des Arbeitsplatzes darstellt, muss nicht mehr die Norm sein. Alternativ gibt es Sparten, die dem Mitarbeiter nur noch einen Rollcontainer zuweisen, in dem seine Arbeitsunterlagen sind. Während eines Bürotags arbeitet er dann an einem zugewiesenen Schreibtisch, um die räumlichen Kapazitäten besser zu nutzen. In diese Richtung gehen beispielsweise Unternehmensberater, die größtenteils beim Kunden vor Ort arbeiten. Eine radikalere Variante besteht im papierlosen Büro, wo sich der Mitarbeiter nur noch an einem zugewiesenen Arbeitsplatz mit seinem PC einloggt, aber keinerlei physischen Stauraum für seine Habseligkeiten hat.

Mit den neuen Medien wird die Nutzung von Telearbeitsplätzen oder eines Home-Offices einfach. Bei flexibler Gestaltung wird dies gerne tageweise in Anspruch genommen, jedoch fehlt in der Regel die soziale Interaktion und Kommunikation mit Kollegen. Das zeigt die geringe Akzeptanz von Telearbeitsplätzen oder Video-Konferenzen. Trotzdem wird die Zukunft auch hier mehr Flexibilität fordern, die repräsentativen großflächigen Bürogebäude werden nicht mehr Modell sein.

4. Nehmen Sie Ihre Karriere in die Hand

Die Lebenswege sind komplexer geworden: Anhebung des Bildungsniveaus, Verbreitung moderner Medien, Globalisierung, veränderte Wertesysteme – die Ursachen sind vielfältig. Der „Beruf" wird für viele Menschen zum „Job" werden: Die feste Bindung des Mitarbeiters an sein Unternehmen wird sich lockern. Projektarbeit und flexible Teams führen zur Auflösung der engen Gruppenkonstellation mit Über- und Unterordnung, aber auch zum Verlust der Zusammengehörigkeit und Orientierung. Die wechselseitigen Möglichkeiten sowohl für Arbeitgeber als auch für Arbeitnehmer steigen. Die Kehrseite dieser Wahlmöglichkeit heißt jedoch harter Konkurrenzkampf zum Überleben in der Masse.

Die „Lebensstellung" gibt es nicht mehr. Noch sind bei den Älteren mehr als zehn Jahre Betriebszugehörigkeit durchaus üblich; das hat sich bei den jüngeren Generationen stark geändert; sie nehmen deutlich Abschied vom Beruf auf Lebenszeit. Die Zukunft hat wieder einmal bereits begonnen.

Erinnern wir uns: Unternehmen konzentrieren sich vermehrt auf ihr Kerngeschäft und reduzieren dementsprechend ihre Belegschaft. Immer stärker setzen sie auf flexible Mitarbeiter auf Zeit, um Engpässe zu überbrücken. Die Arbeitsverhältnisse sind in Zukunft variabel angelegt und ausgestaltet. Es entstehen neue Beschäftigungsformen, die einen bedarfsorientierten Einsatz der Mitarbeiter ermöglichen. Es ist die neue Welt der Patchwork-Karrieren.

Es gibt schon viele Vorreiter, die mit Erfolg an ihrer Patchwork-Karriere arbeiten. Ihnen ist ständig bewusst, dass jeder letztendlich für sich selbst sorgen muss. Der Arbeitgeber hat seine eigenen Interessen und Prioritäten, und die müssen keineswegs immer mit den eigenen übereinstimmen. Der Patchworker erkennt schnell, dass er seine Vermarktung mehr denn je in die Hand nehmen und auf die eigenen beruflichen Ziele achten muss. Solange die Interessen der Arbeitgeber dabei gewahrt bleiben, lässt sich daraus eine synergetische und fruchtbare Zusammenarbeit gestalten.

Praxis-Tipp:

Ergreifen Sie also die Initiative und nehmen Sie Ihr berufliches Weiterkommen selbst in die Hand. Machen Sie aus Ihrer Biographie eine Patchwork-Karriere.

Checkliste: Positionsbestimmung Arbeitsformen

Welche Arbeitsform haben Sie gewählt? Was wäre für Sie eine Alternative? Was wäre undenkbar, was möchten Sie vermeiden?		Status quo	Interessant	Undenkbar
Arbeitsform	■ Angestellter ■ Beamter ■ Selbstständiger			
Aufgaben-bereich	■ fest mit Stellenbeschreibung ■ fest mit Sonderprojekten ■ variable Einsätze ■ projektbezogen			
Arbeits-vertrag	■ unbefristet ■ befristet			
Arbeitszeit	■ Vollzeit ■ Teilzeit			
Arbeitszeit-gestaltung	■ feste, tägliche Arbeitszeiten ■ gleitend ■ zeitautonom, selbst bestimmt ■ Jahresarbeitszeit, Arbeitszeitkonto ■ Arbeit auf Abruf			
Bezahlung	■ fest ■ fest plus variabler Anteil ■ erfolgsbezogen, variabel			
Arbeitsort	■ fester Arbeitsplatz ■ projektbezogener Arbeitsplatz ■ variabler Arbeitsplatz (Rollcontainer) ■ Home-office/Tele-Arbeitsplatz ■ virtuelles Büro			
Arbeits-einbindung	■ feste hierarchische Einbindung ■ feste Abteilungs-, Teamzugehörigkeit ■ variabler Projekteinsatz in festem Team ■ variabler Projekteinsatz in virtuellem Team ■ Einzelkämpfer			
Arbeits-mobilität	■ lokal ■ deutschlandweit ■ international ■ konstanter Arbeitsplatz (mit/ohne Reisen) ■ wechselnde Projektorte			

42

Persönliche Ziele und beruflicher Erfolg

4

1. Finden Sie Ihre Lebens- und
   Berufsziele 44

2. Definieren Sie Ihren eigenen
   Erfolgsmaßstab 46

3. Unternehmertum in eigener Sache . 51

4. Knick im Lebenslauf – Chance zur
   Weiterentwicklung 54

1. Finden Sie Ihre Lebens- und Berufsziele

Zufriedenheit im Beruf ist ein zentraler Aspekt unseres Lebens. Im Grunde möchte jeder von uns einen sinnvollen Beitrag leisten, sich für ein größeres Ganzes engagieren, um sowohl im Kleinen die emotionale Stabilität, das Dazugehören, wie auch in einem größeren Umfeld Zugehörigkeit und Identität zu erlangen. Wie in den Kapiteln 2 und 3 beschrieben, fällt das zunehmend schwer: Restrukturierungen, Zusammenschluss und Zerschlagung von Traditionsunternehmen und wechselnde Organisationsformen erschweren dem Einzelnen die Orientierung, zu welchem Bereich oder welchem Team er gehört.

Wie lässt sich die Zufriedenheit in der beruflichen Tätigkeit erlangen? Die Antwort hängt eng mit der Frage nach dem Sinn des Lebens zusammen, die deshalb auch Ausgangspunkt einer Patchwork-Karriere sein sollte. Klare Lebensziele dienen dem Patchworker als roter Faden, der ihn durch die Unwegsamkeiten der neuen Zeit geleitet. Sie sollten sich deshalb mit den eigenen Lebenszielen auseinander setzen, für sich selbst klären, wie Ihre Definition von Erfolg und Karriere aussieht. Wenn Ihnen das gelingt, können Sie auch mit den eventuellen Brüchen in Ihrer Karriere professionell umgehen.

Wenn etwas im Leben schief geht, wenn Sie durch eine große Enttäuschung oder einen Schicksalsschlag aus der Bahn geworfen werden – spätestens dann stellt sich die Frage nach dem Sinn der eigenen Existenz. Auch bestimmte Lebensphasen wie Pubertät, Midlife-Crisis, Pensionierung werfen die Sinnfrage auf. Die Versuche einer Antwort sind vielfältig und lassen sich – kurz zusammengefasst – in drei Themenfelder einordnen: positives Wirken, Erfüllung eigener Bedürfnisse und Spiritualität.

Positives Wirken: Dahinter steht das Motiv, Gutes zu tun, etwas zu hinterlassen, das für andere Menschen einen Wert hat, beispielsweise Bekämpfung von Gewalt, Leiden und Krankheit, aber auch Engagement in der eigenen Familie, für Verwandte und Bekannte.

Bei der Erfüllung eigener Wünsche kommt die Maslowsche Bedürfnishierarchie zum Tragen. Diese umfasst:

- körperliche Bedürfnisse, wie Essen und Trinken, Gesundheit und Fitness, Sexualität und das Streben nach Genuss und Spaß
- soziale Bedürfnisse, wie Ansehen und gute Freunde

- materielle Bedürfnisse, wie Reichtum, Macht, Besitz

- geistige Bedürfnisse, wie Wissen, kultureller Genuss oder Weiterentwicklung.

Die Spiritualität schließlich ist der Bereich, in dem Philosophen und die Weltreligionen versuchen, eine Orientierung und einen Weg aufzuzeigen, wie man dem eigenen Leben und Handeln Sinn verleiht.

Die Frage nach dem Sinn bestimmt die Einstellung, mit der wir unser Leben gestalten. Sie stellt einen Motivator für Berufswahl und Engagement dar. Der Zusammenhang leuchtet unmittelbar ein: Die Antwort auf die Sinnfrage beeinflusst die Werte, die für die Gesellschaft und das Individuum wichtig sind. Der Einzelne wird versuchen, seine erstrebenswerten Ziele – wie beispielsweise Sicherheit, Gerechtigkeit, Freiheit, Wohlstand, Würde – in seinem Leben zu realisieren. Lassen sich diese Grundeinstellungen in Privatleben und Beruf nicht verwirklichen, entstehen Probleme und Unzufriedenheit.

Am Anfang einer Patchwork-Karriere sollte Ihre Bestimmung der persönlichen Ideale und Ziele stehen. Sie beeinflussen nicht nur die Berufswahl, sondern begleiten den weiteren Berufsweg, vor allem auch dann, wenn es zu Veränderungen und Brüchen kommt.

Praxis-Tipp:

Wer den eigenen Leitfaden kennt oder entdeckt, hat den Schlüssel zu einer erfolgreichen Patchwork-Karriere. Er kann richtig entscheiden, die nächsten Schritte zu planen – und die eigene Entwicklung auch anderen überzeugend kommunizieren.

Geld, Aufstieg, Vision – wo liegt Ihr Karriereziel?

In erster Linie üben Sie Ihren Beruf aus, um die eigene Existenz zu sichern. Das menschliche Streben verlangt jedoch mehr, es trachtet nach persönlichem Wohlstand, der in einer materiell orientierten Gesellschaft mit Anerkennung verbunden ist. Hinzu kommt der Wunsch, einen größeren Wirkungsbereich und – über den Aufstieg in der Hierarchie – auch mehr Einfluss und Machtbefugnisse zu bekommen.

Das Ziel Ihrer Karriere kann es also sein, nach mehr Verantwortung und einem höheren Verdienst zu streben. Geldverdienen, Freude an der Arbeit, Erfolgserlebnisse und Aufstiegschancen stehen dann im Mittelpunkt. Ihr Karriereziel kann sich aber auch an einer persönlichen Idee orientieren – Erfolg, Aufstieg und Gehalt sind dann eher Mittel zum Zweck. Eine solche Idee kann darin liegen, Menschen zu helfen, Wissen weiterzugeben, Heilungsmethoden zu erforschen oder für die Umwelt einen Beitrag zu leisten, die Lebensgrundlagen auf der Erde zu schützen. Eine solche sozial motivierte Vision bildet dann die Leitlinie für Ihren Berufsweg.

In einer Zeit hoher Arbeitslosigkeit wiegt für viele Menschen der feste Arbeitsplatz mehr als die Verantwortung oder der finanzielle Aufstieg. Sie konzentrieren sich auf eine Gratwanderung zwischen dem Festhalten an einer vertrauten Situation und den Risiken eines Wechsels. Medien und Unternehmen nähren den Mythos der Dynamik und Mobilität: Der moderne Mensch suche permanente Herausforderungen, wachse an neuen Aufgaben, sei bereit zu Umzug und Neuanfang – so heißt es da. In Wirklichkeit wollen Menschen Sicherheit und Beständigkeit. Das Nomadendasein mit Geschäftsreisen, wechselnden Ländern, Unternehmen und Ansprechpartnern verliert nach einiger Zeit an Reiz, während Wartezeiten auf Flughäfen, Staus auf Autobahnen, unproduktive Reisezeiten, Abende in leeren Hotelbars immer öfter frustrieren. Die Anforderungen des Marktes und die Wünsche der Arbeitnehmer gehen hier weit auseinander.

Der echte Patchworker ist vor einem Rückfall ins vorige Jahrhundert gefeit. Wenn er die Chance sieht, seinem persönlichen und beruflichen Ziel näher zu kommen, wird er den Job wechseln; jeder Neuanfang bedeutet für ihn eine gesuchte, interessante Aufgabe.

2. Definieren Sie Ihren eigenen Erfolgsmaßstab

Über Karriere als Motivator und Antrieb für Berufstätige wird viel gesprochen. Bewunderung, Hochachtung und auch Neid schwingen mit, wenn von jemandem die Rede ist, der Karriere gemacht hat. Meist ist es der zügige Weg in einer Hierarchie nach oben, da schwingt Respekt vor Macht, Einfluss und Ansehen mit. Schnell kommen dann aber auch negative Aspekte zur Sprache: Karriere verderbe den Charakter, führe zu Härte, Rücksichtslosigkeit, gehe auf Kosten von Mitarbeitern und Kollegen; da müssten doch andere Bereiche zu kurz kommen, die Familie oder die persönlichen Interessen.

Karriere hat etwas mit Weiterkommen und Schnelligkeit zu tun. Da gibt es die so genannte Schornstein-Karriere, die in Höchstgeschwindigkeit senkrecht nach oben führt – natürlich ein Wunschtraum und in der Realität äußerst selten. Da sind die Bilder vom Berufseinsteiger, der die Leiter bis in den Vorstand hochklettert und von dort in ein noch größeres Unternehmen wechselt. Oder man hört den Wunsch, schnell die erste Million zu machen und sich mit Mitte 30 zur Ruhe zu setzen. Nichts ist unmöglich.

Der Patchworker hat einen anderen Ansatz. Er muss, wie ausgeführt, seine Ziele festlegen und daraus ableiten, was er als Erfolg oder persönliche Karriere sieht. Welches Bild sollen die Mosaiksteine der einzelnen beruflichen Stationen letztendlich ergeben? Das ist die Leitfrage, die er sich stellt. Für eine Patchwork-Karriere gibt es keine allgemein definierten Normen, wohl aber die vielen Chancen für den Einzelnen, sein eigenes Glück zu schmieden.

Definition und Messbarkeit von Erfolg

Der Patchworker wird sich immer wieder aufs Neue selbst motivieren müssen. Hierzu muss er erkennen und definieren, was für ihn Erfolg ist und diesen laufend im Visier behalten. Bisher hatte diese Rolle meist der Vorgesetzte übernommen, dessen Aufgabe es war, sein Team zu führen und langfristig zu motivieren, im Idealfall auch einzelne Mitarbeiter zu coachen. Dieses Engagement des Vorgesetzten bricht weg. Je häufiger ein Patchworker in kurzfristige Projekteinsätze eingebunden wird, desto mehr ist er für sein Fort- und Weiterkommen selbst verantwortlich.

Praxis-Tipp:

Machen Sie sich klar, dass Sie zunehmend auf sich selbst gestellt sind, sich selbst anfeuern, motivieren und begeistern müssen. Ihre Eigeninitiative ist gefragt.

Bisher ließ sich Erfolg an den äußeren Merkmalen festmachen – Hierarchie, Gehalt, Titel, Untergebene, Dienstwagen, Bürogröße. Je öfter Sie im Zuge von Job-Rotation die Stelle wechseln, je öfter Aufgaben und Arbeitsverhältnisse wechseln, desto weniger greifen diese äußeren Faktoren. Ein halbes Jahr ohne Einkommen und Projekt, darauf folgend ein Einsatz mit gestelltem Dienstwagen und großem Team, abgelöst durch eine Tätigkeit als Einzelkämpfer von zu Hause aus – das ist Patchwork-Karriere, die in Zukunft mehr und mehr den klassischen Berufsweg ersetzen wird.

Die Handlungsspielräume für die Mitarbeiter in den Unternehmen werden größer. Bei unklaren und instabilen Arbeitsstrukturen lassen sich direkte Kontroll- und Leitungsfunktionen kaum noch realisieren. Die Aufgabenbeschreibung für eine Position, verbunden mit dem Jahresgespräch und der Vorgabe quantitativer und qualitativer Erfolgskriterien, wird zur Ausnahme. Bei kurzfristigen Einsätzen oder ständig sich weiterentwickelnden Projekten muss der einzelne Mitarbeiter wissen, was von ihm erwartet wird, gerade wenn er teilweise auf sich selbst gestellt ist. Damit wächst seine Eigenverantwortung – und für das Unternehmen wird es unabdingbar, Vorgaben und Ziele der Projekte klar festzulegen.

Chef und Kollegen gaben bisher wichtige Orientierungshilfen, indem sie einen Mitarbeiter über eine Reihe von Jahren hinweg beurteilten und so Vergleiche, Maßnahmen, Zielverfolgung und -erreichung ermöglichten. Diese systematische Komponente fällt weg, wenn Sie nunmehr als Patchworker in eigenem Auftrag unterwegs sind. Um dennoch Ihren Erfolg dokumentieren zu können, sollten Sie darauf achten, dass jetzt im Rahmen von Projekten Erfolgskriterien definiert und operativ messbar gemacht werden. Am Ende des Einsatzes sollten Sie ein Resumee ziehen und gemeinsam mit Ihrem Auftraggeber einen Erfolg feststellen. Darauf sollten Sie drängen, denn bei ständig wechselnden Aufgaben und Teamzusammensetzungen wird das individuelle Leistungsfeedback in der Praxis sehr oft vernachlässigt.

Je dynamischer, unberechenbarer und spontaner sich das Umfeld ändert, desto unverzichtbarer wird die persönliche Urteilskraft. Es bleibt dann Ihnen selbst überlassen, sich mittel- bis langfristige Ziele zu erarbeiten und diese zu verfolgen, unabhängig von den kurzfristigen Entwicklungen. Diesen Erfolg sollten Sie nicht nur an materiellen Kriterien festmachen, sondern auch Aspekte wie die Qualität der Aufgabe oder Ihre individuelle Weiterentwicklung einbeziehen. Gerade bei wechselnden Tätigkeiten und dem schnellen Suchen nach Anschlussjobs, müssen Sie auch in Kauf nehmen, nicht immer eine Verbesserung zu erreichen. Dabei nicht aus den Augen verlieren: Das Kriterium der Vollbeschäftigung allein reicht nicht aus, um einen Maßstab für persönlichen Erfolg und ein erfülltes Leben über Jahre, wenn nicht Jahrzehnte zu finden.

Karrieremodelle: Führungs- und Fachkarriere

Eine Karriere, die sich an der Unternehmenshierarchie orientiert, wird es nur noch sehr begrenzt geben. Die Tendenz, Hierarchiestufen abzuschaffen, weniger Ebenen einzurichten, Rotationsprinzipien einzuführen spricht dagegen. Hinzu kommt, dass die Personalchefs inzwischen Lebensläufe mit Erfahrungen aus verschiedenen Bereichen schätzen. Die klassische Karriere – Lehre, Gruppenleiter, Abteilungsleiter, Direktor, Pensionierung mit etwa 60 Jahren – wird deshalb immer mehr zur Ausnahme.

Hier bietet sich die Fachkarriere an. Gerade die Erkenntnis, dass nicht jeder Spezialist auch Führungsfähigkeiten besitzt, forciert die Einrichtung eines solchen Berufsweges. Bei der Fachkarriere gilt es Fläche zu gewinnen anstelle von Höhe. Ein solcher Weg ist noch immer relativ schwer zu kommunizieren; beruflich aufzusteigen, eine hierarchische Karriere zu machen und eine Leitungsfunktion zu übernehmen ist nach wie vor ein starker Motivator für berufliches Engagement. Je mehr sich jedoch die Unternehmenspyramide verflacht, je mehr Führungsebenen wegfallen, desto mehr Bedeutung gewinnt die Fachkarriere. Sie bietet eine interessante Perspektive: Der Beschäftigte wird damit zum Themen- oder Fachverantwortlichen, dem die Entwicklung, Sicherung und Kommunikation seines Spezialgebietes obliegt.

So sind Fachkarrieren eine gute Alternative, aber nicht immer einfach zu verkaufen. Denn die Erfolgskriterien von Fach- und Personalabteilungen zielen immer noch auf Zahlen, Budgetverantwortung,

Anzahl der Mitarbeiter. Die Fachkarriere wird eher gewählt, wenn es auf dem hierarchischen Weg kein Weiterkommen gibt. Engagierten und erfolgreichen Mitarbeitern kann hiermit eine Zukunft geboten werden.

Persönliche Weiterentwicklung

Bei allen Diskussionen und Überlegungen zu Erfolg und Karriere gibt es auch den etwas leiseren Aspekt der individuellen Weiterentwicklung. Der Prozess eigener Reifung im persönlichen und beruflichen Bereich ist schwerer zu messen und festzustellen. Es gilt, eigene Potenziale zu entdecken. Das kann im Rahmen des Berufes sein oder abseits davon, indem man ohne den täglichen Stress einmal zu sich selbst kommt, um Atem zu holen, Ruhe zu finden: Was suche ich, was will ich, wo ist mein persönliches und berufliches Ziel?

Wer seine Berufung gefunden hat und diese im Privatleben und Beruf einbringen und entfalten kann, hat für sich selbst gewonnen. Da fügen sich dann die einzelnen Bausteine der Biographie ganz von selbst zusammen, und der rote Faden, der die Patchwork-Karriere zusammenhält, tritt deutlich hervor.

Beziehen Sie auch Ihre Familie in die Überlegungen mit ein, haben Sie Mut zum Gespräch mit Freunden und Kollegen. Eine neue Position, ein anderes Unternehmen oder Umfeld, ebenso Veränderungen im privaten Bereich – all das kann die persönliche Entwicklung voranbringen. Das geschieht manchmal abrupt, oft schleichend, der Wechsel wird nicht immer gleich bemerkt. Da kommen dann Rückmeldungen von Außenstehenden, man habe sich verändert oder einen großen Schritt vorwärts gemacht. Persönliche Fortschritte können Brüche im Berufsleben herbeiführen, aber auch positiven Input für den eigenen Arbeitsbereich geben. Es sind wertvolle Reifeprozesse. Auch wenn diese sich gar nicht so deutlich als Element in einer Patchwork-Karriere identifizieren lassen, so ändern sie doch die Qualität der Person, lassen sie überzeugender und authentischer werden – und damit in den Augen anderer erfolgreicher!

3. Unternehmertum in eigener Sache

Als Patchworker kommt es entscheidend darauf an, die eigene Person zu positionieren und erfolgreich zu vermarkten. Positionierung ist die Kunst, sein Angebot so zu präsentieren, dass es im Bewusstsein des Kunden einen besonderen und geschätzten Platz einnimmt. Dies ist nicht einfach. Trendforscher wie Prof. Peter Wippermann vom Trendbüro Hamburg verdeutlichen die Lage, indem sie von mehr Freiheit, mehr Gleichheit, mehr Brüderlichkeit sprechen: Neue Produkte und Informationsdienste erhöhen den individuellen Freiheitsgrad und damit die Selbstbestimmung. Zugleich führen Netzwerke und interaktive Kommunikationstechniken zu mehr Gleichheit, weil sich Wissensvorsprünge und Produktunterschiede nivellieren. Bei vergleichbarer Ausgangssituation und vergleichbarem Informationsstand wird es für den Einzelnen schwieriger, sich zu differenzieren – und damit umso wichtiger, sich selbst zu vermarkten.

Eben weil vermeintlich alles transparent und offen ist, eine scheinbare Vergleichbarkeit vorliegt, ist es essentiell, Unterschiede herauszuarbeiten und sich professionell zu präsentieren. Wenn Ihnen das gelingt, sind Sie für Ihren Auftraggeber ein unverwechselbarer Bewerber mit einem spannenden Patchwork-Lebenslauf – und können ihm mit Ihrem spezifischen Wissen die Lösung einer wichtigen Aufgabe anbieten.

Spezialist sein mit Blick fürs Ganze

Für die eigene Vermarktung muss es Ihnen gelingen, aus der großen Masse hervorzustechen als kompetente Persönlichkeit – idealerweise als ein Generalist, der in der Breite agieren kann, der trotzdem eine gefragte Spezialisierung vorzuweisen hat. Dies wird eine Gratwanderung sein: Wenn Sie nur Generalist sein wollen und vorgeben, Sie seien zum Managen geboren, haben Sie verloren. Wenn Sie statt dessen nur Spezialist sind, über den eigenen Tellerrand nicht hinausschauen oder sich für bestimmte Tätigkeiten als nicht zuständig erklären, bringen Sie sich ebenfalls um Ihre Chance.

Praxis-Tipp:

Sie müssen Unternehmer in eigener Sache werden – Entrepreneur, egal ob angestellt oder selbstständig. Dazu gehören Initiative, Eigenvermarktung und Risiko. Unternehmen erwarten von ihren Mitarbeitern so genannte Intrapreneurship, eben dieses unternehmerische Engagement, was auch in jeder Patchwork-Karriere unerlässlich ist.

Tradition ist heute kaum mehr verbindlich für Unternehmen und Mitarbeiter, die Gewichtung hat sich verändert. Die Statik ist durch Flexibilität abgelöst, die vorausplanbaren Phasen werden kürzer. Deshalb muss sich der Einzelne als Partner mit Rechten und Pflichten auf Augenhöhe mit dem Unternehmen positionieren. Darin liegt eine Verantwortung gegenüber dem Arbeitgeber, aber auch und vor allem für sich selbst in der Entscheidungsbereitschaft für die eigene Entwicklung und Karriere.

Bei fast jedem Einstellungsgespräch ist Teamfähigkeit ein entscheidendes Kriterium, obwohl viele später die Erfahrung machen, dass Teamarbeit zwar hoch gelobt, aber selten gelebt wird. Im leistungsorientierten Umfeld besteht der Druck auf jedes Teammitglied, die soziale Kontrolle wirkt, und jeder muss sich engagieren – umso mehr, wenn er durch eine Eigenleistung herausstechen will. Denn trotz flacher Hierarchien und Teambeurteilung gibt es letztendlich einen Punkt, an dem doch der Einzelne gemessen wird: Entscheidend ist sein Beitrag. Der Patchworker wird innerhalb eines Teams einen möglichst großen Freiraum für Handlungen und Entscheidungen für Einzelleistungen suchen, um sie dann als Beitrag zum Teamerfolg einzubringen.

Der Arbeitsnomade von morgen sollte somit kaum Probleme haben, dem Geist des Hauses entsprechend zu agieren und sich auf eine neue Unternehmenskultur einzulassen. Dabei wird diese Kultur je nach Land, Projekt oder Funktionsbereich eine spezifische Prägung vorweisen. Der Wertekanon ist in der Regel eine Mischung aus quantitativen Zielvorgaben und qualitativen Werten, mit denen sich der Einzelne arrangieren muss. Wichtig ist für ihn, dass er im vorgegebenen Rahmen auch seine persönlichen Ziele verfolgen kann, seiner Selbstverwirklichung ein Stück näher kommt, seine Selbstachtung wahrt, persönliche Anerkennung erfährt, eine adäquate Entlohnung bekommt – kurzum: seinem Wertekanon als Patchworker treu bleiben kann.

Professionalität und Ethik

Gibt die Gesellschaft, geben die Unternehmen passende Kriterien vor? Letztendlich liegt es am Menschen selbst, sein eigenes Wertesystem zu bewahren. Er muss die moralische Stärke entwickeln und seinem Gewissen entsprechend handeln, was oft einfacher klingt als es ist. Unternehmen bauen darauf, dass ihre Mitarbeiter gefestigt sind, ethisch handeln, sich an die rechtlichen Normen halten und sich auch an unternehmensinterne Gepflogenheiten gebunden fühlen. Moralisches Verhalten ist nicht nur subjektiv, sondern hängt auch von den Anreizsystemen ab, die von der Gesellschaft, aber auch vom Unternehmen vorgegeben werden.

Die Unternehmen entdecken zunehmend wieder Werte und Ethik, wie die Schaffung eines eigenen Ethikrats „World Corporate Ethics" im Rahmen des im März 2003 gegründeten „Institute for Corporate Culture Affairs", Frankfurt/Main, zeigt. Es wird erwartet, dass Manager mit Culture Value (Unternehmenskultur) genauso geschickt umgehen wie mit Shareholder Value – und diese Forderung wird an den Mitarbeiter weitergegeben. Das sagt sich einfach am grünen Tisch, in der Ethikvorlesung an der Universität oder dem Round Table Gespräch der grauen Wirtschaftseminenzen. Die Realität sieht ganz anders aus.

Ergebnisse sind gefragt: kurzfristig Gewinne ausweisen, Kosten reduzieren, Planzahlen erfüllen; der Druck wächst, denn Verbesserungen von Quartal zu Quartal lassen sich nicht immer herbeizaubern. Da wird mit harten Bandagen gekämpft, manches Mal am Rande des Üblichen und Legalen gearbeitet. Es dürfen natürlich nicht gleich die unlauteren Methoden wie Bestechung und Schmiergelder sein. Denn es ist klar: mangelnde Integrität und fehlende moralische Stärke können die Karriere kosten.

Dem permanenten Druck aufgrund von Strategiewechsel und neuen Vorgaben gegenzuhalten ist oft schwierig und kann negative Folgen haben. Es ist leichter, dabei zu sein, nicht aufzufallen, einfach nur im Strom mitzuschwimmen. Wer unbequem ist, der könnte als unliebsamer Mitarbeiter von der nächsten Entlassungswelle erfasst werden. Eine geduldete Position als Querdenker, Hofnarr und Idealist war schon an Königshöfen nur wenigen vergönnt, und auch die fielen manchmal ganz schnell in Ungnade. Andererseits: Wer kennt nicht Menschen, die geschickt alle Dinge aussitzen, nie eine falsche Aussage treffen? Oder andere, die mit fehlender Fairness sehr weit kommen?

Druck von innen, parallel dazu Druck vom Arbeitsmarkt führen an die eigenen Grenzen. Da heißt es, sich mit seiner eigenen Moral und Professionalität auseinander zu setzen. Wie weit geht man mit, wo ist Schluss? Karriere um jeden Preis? Wer den Sprung ins Ungewisse wagt oder seinem Chef eine Absage erteilt, verdient Respekt. Aus ethischen Überlegungen heraus hat mancher sich umorientiert, die Branche gewechselt und eine Patchwork-Karriere gewählt, um mit Haltung und Selbstachtung sich beruflich weiter zu engagieren.

4. Knick im Lebenslauf: Chance zur Weiterentwicklung

Personalabbau und Kündigung – wenn Sie selbst auch nicht betroffen sind, kennen Sie mit Sicherheit genügend Beispiele. Ob freiwillig oder gezwungen: Die Anzahl derjenigen steigt, die aufgrund von Umstrukturierungen oder Insolvenzen ihren Job wechseln müssen oder verlieren. Es vergeht kein Tag, an dem in der Presse nicht über Stellenabbau berichtet wird. Diese Brüche im Berufsweg kommen in der Regel plötzlich, unerwartet und schicksalshaft. Vielleicht kann man sie im beruflichen Umfeld erahnen, doch ist es in der Regel ein Schock, wenn man selber betroffen ist. Die Folgen sind Zukunftssorgen, Selbstzweifel bis hin zu existenziellen Ängsten.

Brüche im Berufsleben

Gewollte Brüche

- Eigene Kündigung/Ausscheiden, da Organisation, Führung und/oder Unternehmenskultur inakzeptabel erscheinen

- Suche nach einer Arbeit, die mehr Herausforderung und Weiterentwicklung bietet

- Verbesserung des Einkommens und/oder der hierarchischen Position

- Familiär bedingter Wechsel

- Sabbatical einlegen

Ungewollte Brüche

- Entlassung, Arbeitslosigkeit

- Insolvenz des Unternehmens

- Krankheit

- Familiär bedingter Wechsel

Wie dramatisch diese Brüche sind, lassen einige Zahlen des Statistischen Bundesamtes erahnen. Betrachtet man den Anteil derjenigen, die ihren Arbeitgeber im Zeitraum April 2002 bis Mai 2003 wechselten, so waren es 43 % der 20- bis 30-Jährigen, 20 % der 30- bis 40-Jährigen und 14 % der 40- bis 49-Jährigen. In der nachfolgenden Altersgruppe beginnen Altersteilzeit und Frühpensionierung – manchmal auf eigenes Bestreben, häufiger aber wird älteren Mitarbeitern der Abgang nahe gelegt, um die Belegschaft zu verjüngen. Die Anzahl derjenigen, die Altersteilzeit vor dem Ruhestand nehmen, steigt: 2001 war es noch jeder zwölfte, 2002 schon jeder achte der rund 583 000 neuen Rentner – wie die Bundesversicherungsanstalt für Angestellte errechnet hat. Mehr als die Hälfte der Unternehmen beschäftigen keine älteren Angestellten und Arbeiter mehr.

Jobwechsel mit Augenmaß

Wo liegt der Unterschied zwischen dem Patchworker und dem Job-Hopper? Auf den ersten Blick ähneln sich die Berufswege: Beide wechseln wiederholt den Beruf, die Branche, das Unternehmen, den Ort oder das Tätigkeitsfeld. Sie sehen darin die Chance zur Orientierung und Qualifikation, sie wollen auch den Reiz des Neuen genießen, bevor sich die Alltagsroutine einstellt. Beide sind sich bewusst, dass Karrieresprünge und Gehaltsverbesserungen am ehesten durch Wechsel zu realisieren sind.

Weit mehr als der reine Job-Hopper hat der Patchworker jedoch ein Gesamtbild seiner Zukunft vor Augen. Er geht konzentrierter vor. Wenn er freiwillig den Arbeitsplatz wechselt, muss die neue Tätigkeit ihn seinen Zielen eindeutig näher bringen und ein Mosaikstein im angestrebten Gesamtbild sein. Der Job-Hopper läuft Gefahr, sich auf ein Abstellgleis zu manövrieren: Zu häufiger, planlos erscheinender Wechsel führt früher oder später zum Vorwurf, kein Durchhaltevermögen zu besitzen, nicht teamfähig zu sein, nur wenig fundiertes Branchen- oder Fachwissen zu besitzen. Er gilt als jemand, der Aufgaben zwar anschieben, nicht jedoch erfolgreich umsetzen kann. Dem Patchworker – dem es ja auch persönlich ein Anliegen ist, Ergebnisse zu erzielen – wird man das nicht nachsagen können.

Sicher: Ein Wechsel alle zwei Jahre ruft Skepsis hervor, und Personalberater raten dazu, vier Jahre und länger in einem Unternehmen zu bleiben. Der Patchworker weiß dies, lässt sich im Ernstfall aber von seinen eigenen Zielen leiten, die er dann auch gegenüber dem neuen Arbeitgeber gut und nachvollziehbar begründen kann. Der Vorschlag, nur drei- bis viermal im Leben den Arbeitspatz zu ändern, ist ohnehin längst überholt. Die Verweildauer von Führungskräften ist seit 1995 von 9,5 auf 7 Jahre zurückgegangen.

In Bezug auf einen Wechsel zeichnet sich der Patchworker durch weitsichtiges Vorgehen aus. Er nutzt die Chancen und kennt die Möglichkeiten, die sich ihm bieten. Ihm ist zum Beispiel klar, dass ein Auslandseinsatz für seinen Berufsweg wichtig und sinnvoll sein kann. Nach einer Studie der Unternehmensberatung Price Waterhouse Coopers ist für 64 % der Unternehmen internationale Mobilität eine der wichtigsten Eigenschaften für Manager und damit ein essentielles Einstellungskriterium. Motivation fürs Ausland bringt Führungskräften im Allgemeinen ein höheres Einkommen, verbesserten Lebensstandard, Karrieremöglichkeiten sowie interessantere Aufgaben.

Mit Sicherheit wird es ihm nicht passieren, dass er jahrelang auf einem Posten verharrt, dass er um der Sicherheit willen sich nicht weiterentwickelt, unterfordert ist und schließlich an Marktwert und Zufriedenheit einbüßt. Bei aller Vorsicht gehören Mut, Risikobereitschaft und Neugier zu seinen Eigenschaften. Selbstbewusst wechselt er die Position, wenn er es für richtig hält. Und wenn ihn die Kündigung trifft, sieht er darin weniger ein Unglück als eine Chance, nunmehr den nächsten Mosaikstein für seine Patchwork-Karriere zu finden.

Die Kunst des kreativen Scheiterns

Allzu oft gelten Arbeit und Privatleben noch als getrennte Welten. Dabei ist längst erwiesen, dass eine eindimensionale Lebensführung, die ausschließlich das berufliche Fortkommen im Auge hat, langfristig wenig Zufriedenheit bringt. Glück und Erfolg im Leben entstehen aus einer Kombination von beruflichem und persönlichem Wohlergehen, die sich gegenseitig beeinflussen.

Wer nicht die Fragen nach dem Sinn und nach seinen persönlichen Zielen beantworten kann, wird sich mit seiner Patchwork-Biographie schwer tun. Die Trennung von Härte und Karriere einerseits und Emotionalität und Privatleben andererseits führt zu Konflikten – denn nur wer Zufriedenheit ausstrahlt, wird die richtigen Entscheidungen treffen. Mut und Selbstvertrauen sind wichtige Voraussetzungen, um seinen Berufsweg nach den eigenen Präferenzen zu wählen und seine Karriere dementsprechend aktiv zu gestalten.

Ein Bruch in der Karriere wird häufig noch als Scheitern empfunden. Doch dieses Gesellschaftsbild, das nur Erfolg und Best Practice gelten lässt, bringt sich um viele Chancen. So ist es kein Wunder, dass die „Kultur des kreativen Scheiterns" immer mehr Anhänger findet, die sehen, dass die Auseinandersetzung mit den Ursachen für Fehler und Misserfolg einen Fundus für neue Ideen und Potenziale bietet. Diese

Betrachtungsweise sollte sich ein Unternehmer in eigener Sache, ob selbstständig oder angestellt, zu eigen machen. Fehler zeigen, dass man Risiken eingegangen ist, Experimente gewagt hat, etwas versucht und auf jeden Fall gehandelt hat. Scheitern ist oftmals nicht zu vermeiden, wohl aber kann man sich darauf vorbereiten, indem man Szenarien ausarbeitet und Vorkehrungen trifft.

Patchwork-Karriere – das bedeutet, dass Sie Ihren Berufsweg aktiv gestalten, sich auf Veränderungen einstellen, möglicherweise diese sogar selbst herbeiführen. Wenn Sie den roten Faden – sprich: Ihre persönlichen Werte und Ziele – vor Augen haben, wenn Sie umsichtig vorgehen, aber auch ausreichend disponibel, mobil und begeisterungsfähig sind, bieten Brüche Möglichkeiten für neue Wege, um Ihre Karriere interessant zu gestalten. Der Wechsel ist das richtige Instrument, um die eigenen Berufsziele zu verwirklichen, die persönlichen Werte umzusetzen und zu einem beruflich sinnerfüllten Leben zu finden.

Checkliste: Fragen zur persönlichen und beruflichen Zielfindung

- Welche persönlichen Werte und Ziele bestimmen meine Berufswahl und -tätigkeit?

- Welche Bedeutung haben für mich Macht, Geld und Verantwortung?

- Was motiviert mich in meinem Beruf?

- Was möchte ich beruflich bewirken?

- Was könnte der rote Faden in meinen Berufsweg sein?

- Was ist für mich persönlicher und was beruflicher Erfolg?

- Wie definiere ich Karriere für mich und bei anderen?

- Was betrachte ich als persönliche Weiterentwicklung?

- Wie weit gehen meine Identifikation und mein Engagement für meinen Beruf und für das Unternehmen?

- Was heißt für mich professionelles und ethisches Arbeiten?

Der rote Faden
in der Patchwork-Karriere

5

1. Finden Sie Ihr Leitmotiv 60

2. Erarbeiten Sie Ihr Profil 67

3. Nutzen Sie die Auszeiten 73

4. Strategie und Taktik
   für den Patchworker 78

1. Finden Sie Ihr Leitmotiv

Nach wie vor zählt eine erfolgreiche Bewerbung zu den zentralen Bausteinen einer Karriere. Ein gut aufbereiteter Lebenslauf, verbunden mit dem eigenen Stärkenprofil, bildet die Basis für Ihre Bewerbung. Gibt es Lücken in Ihrer Biographie oder andere Aspekte, die Vorurteile bei Personalchefs wecken könnten, müssen Sie taktisch klug vorgehen.

Eine Patchwork-Karriere setzt sich aus den unterschiedlichsten Stationen und Aktivitäten zusammen. Die Kunst liegt nun darin, alle Elemente zu einem stimmigen Bild zusammenzufügen. Verschiedene aufeinander folgende, sich teils überlagernde Projekte und Kurzeinsätze gilt es zu kombinieren mit den langfristigen Ideen und Aktivitäten. Natürlich kommt es auch darauf an, die richtige Auswahl im gefragten Umfeld zu treffen. Berufsbezeichnungen oder berufliche Tätigkeiten können irgendwann einmal veraltet oder von der Technik überholt worden sein. Somit heißt es, aus der Vielzahl der bisherigen Aktivitäten ein Leitmotiv herauszuarbeiten, unter das sich die unterschiedlichen Arbeitsabschnitte gruppieren lassen.

Das Leitmotiv resultiert dabei nicht allein aus der Ausbildung und dem eingeschlagenen Berufsweg, sondern ebenso aus Interessen, Hobbies, Lebensformen, regionaler Zugehörigkeit, sozialen Faktoren und persönlichen Merkmalen. Alle diese Facetten müssen wie Puzzelstücke miteinander verbunden werden und in ihrer Gesamtheit ein durchgängiges Motiv ergeben, das die eigenen Erfahrungen bündelt. Meist wird dieser Leitfaden nicht ganz geradlinig sein, es gibt Umwege, die jedoch das Profil und die Fähigkeiten erweitern.

Ihr Lebenslauf sollte ein solches Leitmotiv widerspiegeln. Wichtig ist, Vielseitigkeit zu dokumentieren – ohne dabei zum Allroundgenie zu mutieren, sondern mit einer klaren Profilierung als Spezialist. Selbst als Geschäftsführer oder Manager sollten Sie nicht nur Ihre Führungskompetenz herausstellen, sondern auch zeigen, dass Sie vom Tagesgeschäft etwas verstehen und den einen oder anderen Bereich von der Pike auf gelernt haben. Das überzeugt – wie das Beispiel eines kaufmännischen Vorstands in einem Verkehrsbetrieb zeugt: Er verblüffte bei seiner Einstellung mit dem Bekenntnis, dass er über einen Busführerschein verfüge. So konnte er sich beim Amtsantritt und auch später noch ans Steuer setzen und beweisen, dass er den Kontakt zur Basis hielt.

Die Gestaltung Ihres Lebenslaufes

Bei einem Patchwork-Lebenslauf muss auf eine klare Gestaltung und Übersichtlichkeit geachtet werden, damit Folge und Logik erkennbar sind. Dies gilt sowohl bei einem chronologisch gegliederten Lebenslauf (dem „tabellarischen Lebenslauf") als auch beim thematisch aufgebauten Lebenslauf. Ziel des Curriculum Vitae ist es, den Leser über die Stationen des bisherigen Lebensweges und die fachlichen Qualifikationen zu informieren.

Der klassische Lebenslauf wird zeitlich gegliedert, beginnend mit Geburtsdatum, Schule, Ausbildung, Berufstätigkeit. Diese Form zeigt den beruflichen Weg, lässt aber auch zeitliche Unterbrechungen deutlich werden, die beispielsweise durch längere Bewerbungszeiten entstehen. Alternativ besteht die Möglichkeit, den Lebenslauf mit den aktuellen Daten zu beginnen, so dass die derzeitige oder letzte Berufstätigkeit als erstes ins Auge sticht, und dann zeitlich rückwärts zu gehen. Somit stehen die Ausbildungs- und Schulzeiten am Ende. Beide Formen sind zulässig, es ist eher eine persönliche Entscheidung.

Auch bei einem thematisch aufgebauten Lebenslauf ist eine klare Struktur wichtig. Hier muss die eigene Entwicklung anhand verschiedener übergreifender Themen deutlich gemacht werden. Was kann ich besonders gut, welche Fähigkeiten charakterisieren mich und meine beruflichen Erfolge, wo habe ich ein spezielles Wissen? Sind zwei oder drei Themen gefunden, lassen sich die beruflichen Stationen und Projekte einordnen (z. B. Aus- und Weiterbildung, Auslandserfahrung, Sanierungseinsätze, Finanzdienstleistungsbranche, Marketing). Der thematische Lebenslauf bietet damit die Möglichkeit, sich neu zu positionieren. Er lenkt den Blick von der typischen Berufsbiographie ab, vermeidet die Einordnung in eine vorgegebene Schublade – und kaschiert auch kleinere Fehlzeiten.

Der Lebenslauf ist Ihre persönliche Visitenkarte. Welchen Anklang Sie damit im konkreten Fall finden, ist niemals ganz vorherzusagen. Da können Sie noch so viele Ratgeber und Empfehlungen lesen, ein Optimum gibt es nicht, trotz europäischem Muster-CV. Deshalb sollten Sie Ihren Lebenslauf so gestalten, dass er zu Ihnen passt und das wiedergibt, was Sie selbst für wichtig erachten. Das kann auf zwei Seiten oder vier Seiten erfolgen, chronologisch oder tabellarisch. Empfehlenswert ist ein vorangestellter Satz, in dem Sie zusammenfassen, was Sie für die angestrebte Position prädestiniert. Auch sollten Sie durch die Wahl von Schrift, Papier, Foto und Verpackung auf eine angemessene äußere Form Ihrer Bewerbung achten.

Natürlich müssen Sie sich auch am Empfänger orientieren: Was will er wissen, was kommt bei ihm an? Deshalb mag ein Lebenslauf auf einer Seite bei langjähriger Berufserfahrung zu kurz sein, acht Seiten werden jedoch jeden noch so interessierten Leser überfordern. Branchenübliche Gepflogenheiten sollten Sie beachten und sich zumindest bewusst sein, ob und warum Sie aus dem üblichen Rahmen fallen. Eine kreativ gestaltete Bewerbung findet bei einer Werbeagentur Anerkennung, mag aber bei einer Bank eher zu Irritationen führen.

Praxis-Tipp:

Wichtig ist, dass die für den Empfänger relevanten Informationen nicht fehlen. Dazu zählen vor allem auch klare Aufgabenbeschreibungen der beruflichen Stationen, so dass der Leser sich vom jeweiligen Verantwortungsbereich und der tatsächlichen Position ein Bild machen kann. Oder im Falle eines Projektes: Welchen Beitrag haben Sie geleistet? Soweit möglich konkretisieren Sie Ihre Aussagen mit Zahlen. Wie viele Mitarbeiter hatte Ihr Unternehmen, wie viele haben Sie geführt? Wie groß war das Budget, das Sie verantwortet haben? Der Leser Ihrer Bewerbung sollte sich ein konkretes Bild über Ihre Tätigkeit und Ihren Erfahrungshintergrund machen können. Irrelevante Informationen hingegen wie zum Beispiel die Absolvierung eines Word-Kurses lassen Sie weg.

Kurzpräsentation: In einer Minute überzeugen

Kommen wir zurück zu Ihrem Leitmotiv. Unerlässlich ist es, diesen roten Faden immer im Auge zu behalten und auch klar zu benennen, sowohl in Ihren schriftlichen Unterlagen als auch im persönlichen Gespräch. Können Sie in einer Kurzpräsentation von einer Minute Ihrem Gesprächspartner überzeugend sagen, wofür Sie stehen, was

Sie bieten und worin Sie unschlagbar sind? Dies ist wichtig, wenn Sie sich vorstellen und für sich selbst werben wollen. Dazu müssen Sie Ihren roten Faden im Blick haben, sich gleichzeitig aber in Ihren Gesprächspartner hineinversetzen. Was interessiert ihn, ist relevant, beantwortet seine Frage oder weckt seine Neugierde? Wo liegt die Erwartungshaltung, womit können Sie überzeugen?

Praxis-Tipp:

Ob bei der Bewerbung, beim Anschreiben oder der Kurzvorstellung: Wer einen Eindruck hinterlassen möchte, muss eine gewisse Einzigartigkeit bezeugen und das eigene Leistungs- und Nutzenangebot wie ein Produkt vermarkten. Was kann ich, was kann ich bewirken, welche Probleme kann ich lösen? Für welche Zielgruppe bin ich interessant? Darauf aufbauend muss die einminütige Selbstpräsentation knackig formuliert werden.

Es gilt Argumente zu liefern, warum gerade Sie als Kandidat den Job erhalten sollten. Wichtig ist eine realistische Selbsteinschätzung. Weder grobe Übertreibungen noch zu viel Understatement kommen an. Formulieren Sie in der Ich-Form und im Indikativ, Konjunktiv überzeugt nicht. Benennen Sie gegenüber Ihrem Gesprächspartner knapp und klar, welchen Nutzen Sie ihm bieten: Was können Sie, worin sind Sie überragend? Warum sollte er sich Ihren Namen merken?

Bewerbungserfolg – worauf Sie achten sollten

Wie so häufig muss der erste Eindruck sitzen. Ein schneller Blick auf Anschreiben, Foto, Abschluss, letzte Position, Alter – und schon sind Sie dabei oder ausgeschieden. Es dauert zwischen Sekunden und wenigen Minuten, um festzustellen, welcher Kandidat zum Gespräch eingeladen wird. Häufig klagen die Unternehmen über zu viel Papier – deshalb dem Anschreiben nur die relevanten Unterlagen wie Lebenslauf und Zeugnisse beifügen, aber nicht jede Teilnahmebestätigung von Tagesseminaren. Auch bei Internetbewerbungen nur überschaubare Dateigrößen und -anhänge verwenden, die beim Ausdruck keine Formatierungsprobleme verursachen.

Der rote Faden in der Patchwork-Karriere

Kaum zu glauben, doch jede dritte Bewerbung scheitert an unvollständigen oder schlecht gestalteten Bewerbungsunterlagen. Deshalb sei auf einige Punkte, auch wenn sie selbstverständlich erscheinen, hingewiesen:

- Der Lebenslauf muss übersichtlich gestaltet und klar lesbar sein, sich aber durch hohe Informationsdichte auszeichnen – denn der Leser sollte die relevanten Informationen schnell erkennen und nicht erst mühsam zwischen den Zeilen suchen müssen.

- Die Angaben im Lebenslauf müssen zu den Aussagen im Anschreiben und natürlich auch zu den Anforderungen der angestrebten Position passen. Wo ist der Anknüpfungspunkt, dass gerade Sie mit Ihrem Erfahrungshintergrund besonders gut auf diese Position passen?

- Das Anschreiben sollte individuell auf die Situation zugeschnitten sein und nicht nach einem Standard-Bewerbungsschreiben aussehen. Der Brief sollte deutlich machen, dass Sie sich mit dem Unternehmen beschäftigt und eine Vorstellung von der Position haben. Er sollte zudem darstellen, warum Ihre Fähigkeiten und das Jobangebot zusammenpassen.

- Abschreckende Passfotos, Eselsohren, Flecken und Tippfehler kommen erstaunlich häufig vor – solche Negativpunkte unbedingt vermeiden! Fotos sind der erste Blickkontakt, sie sollten aktuell sein und sympathisch wirken: Portrait-Foto in Business Kleidung, je nach Branche Schlips und Kragen oder legeres Outfit, dezenter Hintergrund und freundlicher Blick, bloß nicht seriös und verkniffen schauen. Schwarz-Weiß-Fotos können altmodisch wirken, Farbfotos nicht zu bunt, aber auch mit passenden Kontrasten wählen. Bei gescannten Fotos auf hohe Qualität achten, ein Originalfoto kann professioneller wirken.

Zu den drei wichtigsten Erwartungen an den Bewerber zählen Entscheider Kenntnisse über das Unternehmen, Glaubwürdigkeit und Authentizität. Die notwendigen Daten über das Unternehmen und die Wettbewerber lassen sich über das Internet, Verbände und durch Gespräche mit Branchenkennern sammeln, ebenso auch Informationen über die Position und Aufgabe. So vorbereitet können Sie durch gezielte Fragen Ihrem Gesprächspartner verdeutlichen, dass Sie sich im Rahmen der extern verfügbaren Möglichkeiten gut vorbereitet haben.

Glaubwürdigkeit und Authentizität entstehen, indem Sie auf die Fragen Ihres Gesprächspartners eingehen. Anstatt Standardtexte abzuspulen, sollten Sie Ihren Lebensweg überzeugend beschreiben, Ihre Stärken und Schwächen darstellen und die Beweggründe schildern, die zu der persönlichen Patchwork-Karriere geführt haben – immer mit Bezug auf das Unternehmen und die zur Diskussion stehende Position. Vermeiden Sie Monologe über Themen, die den Gesprächspartner nicht interessieren und nichts mit der Aufgabenstellung zu tun haben – schlittern Sie auch nicht in belanglose Themen, nur weil Sie Rückfragen vermeiden oder eine Gesprächspause überbrücken wollen. Lieber die Gesprächsführung übernehmen und gezielt Fragen stellen, damit es zu einer Diskussion oder einem Austausch auf Augenhöhe kommt. Überzeugen Sie durch Ihre Persönlichkeit, vermeiden Sie die Bittstellerrolle. Nicht auf Problemen oder eigenen Schwächen herumreiten – nur zu oft katapultieren sich Kandidaten auf diese Weise selbst aus dem Rennen.

Stellen Sie sich auf eine breite Palette von Fragen ein. Das kann in die fachliche Tiefe gehen oder persönlich sein, aber auch gerade bei Patchwork-Karrieren sich zwischen Neugierde und Skepsis bewegen. Mag sein, dass Ihr Gesprächspartner zu Beginn des Gesprächs Small Talk oder ein passendes Einstiegsthema erwartet. Auch darauf sollten Sie sich vorbereiten, einige Punkte und mögliche Antworten vorher überlegen – aber im Gespräch dann immer individuell auf die Situation und den Gesprächspartner eingehen.

Nicht den Lebenslauf herunterbeten, der ohnehin in schriftlicher Form vorliegt – aber weisen Sie auf wesentliche Stationen hin, falls der oder die Interviewer die Unterlagen nicht gelesen haben. Kein Eigenlob produzieren, sondern Erfolge geschickt für sich selbst sprechen lassen. Interesse wecken, wie Sie Probleme gemeistert haben und mit Fehlern und Niederlagen umgegangen sind. Nennen Sie konkrete Beispiele, die Ihr Engagement, Ihre Erfolge und Ihr Verhalten verdeutlichen. Und immer wieder auf die Frage nach dem Warum gefasst sein:

Was waren die Beweggründe für einen Wechsel oder eine berufliche Neuorientierung?

Lassen Sie sich nicht aus der Fassung bringen. Stresssituationen im Gespräch oder bohrende Fragen sollen einen Kandidaten auch an seine Grenzen bringen. Offenheit oder Ehrlichkeit, dass man die Antwort nicht weiß, kommen immer besser an als Gestammel, Lügen oder Luftschlösser, die schnell zu entlarven sind. Widersprüche führen zu Gegenfragen oder hinterlassen ein ungutes Gefühl: Was war richtig, was gespielt? Personalentscheider suchen ein stimmiges Bild – eben jenen roten Faden in Ihrem Patchwork-Leben.

Letztendlich entscheidet immer eine Mischung aus Kopf und Bauch, ob ein Kandidat die angebotene Stelle bekommt. Die Interviewpartner bei der Befragung von Rundstedt und Partner schätzten den Bauchfaktor auf 30 %. Daran ändern auch ausgeklügelte, quantifizierte Bewertungsschemata nichts: Wenn der Sympathiefaktor, der Respekt vor der Person und die Kriterien stimmen, wird der Interviewer für die Einstellung plädieren.

Checkliste: Bewerbung

Unterlagen

- Vier-Augen-Prinzip nutzen

- Anschreiben und Unterlagen von Experten prüfen lassen

- Online-Check für Bewerber von Personalberatungen nutzen

Vorbereitung

- Kritische Fragen und Antworten aufschreiben und formulieren, damit man nicht nach Worten suchen muss, warum man aus dem Job ausgeschieden ist; aber nicht auswendig runterbeten

- Bewerbungssituationen trainieren mit Coach oder Experten

Gespräch

- Gut vorbereiten, aber sich nicht verstellen

- Sich positiv darstellen, aber kein unglaubwürdiges „Overselling"

---

2. Erarbeiten Sie Ihr Profil

Normalerweise sind es Fachkenntnisse und Branchenerfahrung, mit denen ein Bewerber seine Kompetenz für eine Position beweist. Der echte Patchworker ist da etwas breiter angelegt, zu seinen Stärken zählen zudem methodische und soziale Fähigkeiten. Wenn es ihm gelingt, alle diese Stärken zu kombinieren und daraus ein attraktives Profil zu machen, hat er einen klaren Vorteil. Je mehr Bedarf die Unternehmen an Problemlösungen haben, desto bessere Chancen bieten sich für Menschen mit Patchwork-Karriere – vorausgesetzt, es handelt sich um ein modern denkendes Unternehmen, dessen Entscheider nicht überholten Strickmustern folgen, sondern konstruktive Kriterien für Aufgabenbesetzungen anwenden.

Fachkompetenz, Funktion und Position

Wer sich beruflich positionieren will, stützt sich üblicherweise auf Branchenerfahrung und Fachkenntnisse. Im Lebenslauf sollte die jeweilige Ausrichtung durch eine fundierte Ausbildung nachgewiesen und dann systematisch mit fachlicher Berufserfahrung – beispielsweise im Finanz- und Rechnungswesen oder Marketing – vertieft werden. Diese Kompetenz sollte in einer spezifischen Branche erworben worden sein, da das branchenrelevante Know-how aus Sicht der Insider notwendige Voraussetzung ist, um eine Funktion überhaupt ausfüllen zu können. Diese Sichtweise ist umstritten, doch in der Praxis absolut gebräuchlich.

Weitere klassische Kriterien für eine berufliche Positionierung sind Funktion und Position – also welche offizielle Stellung ein Bewerber inne hatte und wo die Position im Unternehmen hierarchisch aufgehängt war. Da Titel oft irreführend sind, sollte eine Beschreibung der Verantwortungsbereiche und der ausgeführten Tätigkeiten verdeutlichen, was tatsächlich gemacht und bewirkt wurde. Die Kriterien Funktion und Position verloren in den letzten Jahren ihren Stellenwert, zum einen weil durch die Tendenz, Organisationen zu vereinfachen und Hierarchien abzubauen, eine Reihe von Aufgaben wegfielen oder zusammengelegt wurden. Zum anderen gab es eine Inflation an Titeln und Funktionsbezeichnungen, oft auch englische Ausdrücke, so dass es reihenweise zu „Vice Presidents", „Global Heads" kam.

Fertigkeiten, Kenntnisse und Fähigkeiten

Neben Ihren fachlichen Kompetenzen verfügen Sie über Fertigkeiten, Wissen und Fähigkeiten. Das können Fremdsprachen, Weiterbildungen und Zusatzqualifikationen, besondere IT-Kenntnisse oder Engagement in Qualitätszirkeln sein. Schöpfen Sie aus diesem Fundus, um das Profil Ihrer Bewerbung weiter zu schärfen – vermeiden Sie jedoch eine bloße Aufzählung. Belegen Sie Ihre Fertigkeiten anhand konkreter Beispiele aus Ihrem beruflichen Alltag. Welches Problem stellte sich, welche Entscheidung haben Sie getroffen, welches Resultat erzielt? Verdeutlichen Sie Ihren eigenen Beitrag, welche Fähigkeit Sie dabei einbrachten und welche besonderen Kenntnisse dabei hilfreich waren. Wo, wann und wie haben Sie zu einer Veränderung beigetragen – „where did you make a difference"? Vergessen Sie nicht, Ihren Beitrag zu quantifizieren. Um wie viel Prozent haben Sie die Fehlerquote gesenkt, wie verhielten sich Kosten und Nutzen zueinander?

Wichtig ist es, ein positives, aber auch realistisches Bild zu zeichnen. Vermeiden Sie es, sich als Starverkäufer zu positionieren, wenn mit zwei Rückfragen die Luftblase platzt. Oder wenn Sie Ihre Sprachkenntnisse hervorheben: Rechnen Sie damit, dass Ihr Partner im Bewerbungsgespräch mal eben die Sprache wechselt. Wenn Sie sich dann nicht verhandlungssicher ausdrücken können, wird es blamabel. Auch sollten Sie nicht nur an Ihre Erfolge denken, sondern immer auch ein Beispiel für einen Misserfolg parat haben – denn manche Interviewer lieben es, nach Ihrem größten Flop zu fragen. Vergessen Sie nicht, auch hier eine kleine positive Wende anzuhängen, was Sie daraus gelernt haben, wofür das Debakel dann doch noch gut war …

Mit außerberuflichen Tätigkeiten wie gesellschaftspolitischem Engagement, Vereinstätigkeiten oder Hobbies sollten Sie dosiert umgehen. Diese Themen in Ihren Lebenslauf nur einbauen, wenn sie für die angestrebte Position förderlich sind oder wenn sie das Leitmotiv Ihrer Patchwork-Karriere unterstützen. Auf jeden Fall müssen Sie den Eindruck vermeiden, dass Sie vor lauter Nebenaktivitäten wenig Zeit für den Job haben.

Die Kompetenzen-Matrix:
Auf die Kombination kommt es an!

Je härter der Wettbewerb und je größer die Anforderungen in den Unternehmen werden, desto größer ist auch der Bedarf an Mitarbeitern, die Probleme nicht nur sehen, sondern auch lösen können. Gefragt sind zusätzliche Kompetenzen, vor allem Methodenwissen und soziale Fähigkeiten. Für den vielseitig interessierten und versierten Patchworker liegt hier eine echte Chance. Gegenüber einem aufgeschlossenen Arbeitgeber kann er sich hervorragend positionieren, indem er sein Fach- und Branchenwissen kombiniert mit methodischem und sozialem Know-how.

Die Methoden- und Sozialkompetenz zählt zu den herausragenden Fähigkeiten, die neben der traditionell im Vordergrund stehenden Fach- und Branchenkompetenz immer mehr an Bedeutung gewinnt. So beobachtet Prof. Dietmar Fink von der Fachhochschule Bonn: In der heutigen Arbeitswelt und Unternehmenslandschaft seien alle drei Dimensionen gefordert – Fachwissen, Methodenwissen und soziale Fähigkeiten. Mitarbeiter, die Verantwortung übernehmen und in interdependenten und globalen Märkten agieren, müssen mit allen Dimensionen vertraut sein. Der ausschließliche Fach- oder Branchenspezialist dürfte in der Zukunft weniger Perspektiven haben.

Nur diese mehrdimensionale Kompetenz-Matrix mit unterschiedlichen Fähigkeiten wird den Anforderungen der Unternehmen noch gerecht – und kommt den Menschen mit einer Patchwork-Karriere sehr entgegen. Die Motivation für eine fachliche oder hierarchische Weiterentwicklung beinhaltet den Wunsch, mehr Gestaltungsmöglichkeiten zu bekommen, das soziale Prestige zu erhöhen, eine Anerkennung für geleistete Arbeit zu erhalten, sich weiter selbst zu verwirklichen, eine höhere Wertschätzung zu erlangen. Das bedeutet zugleich, sich in allen drei Dimensionen der Matrix – im Fachbereich, den sozialen Fähigkeiten und in der Methodenkompetenz – weiterzuentwickeln. Es kommt also auf die richtige Kombination von Qualifikation, Fähigkeiten, Kenntnissen und Fertigkeiten an, um die neuen Aufgaben mit Kreativität und Professionalität anzugehen.

Analysieren Sie Ihre Stärken und Schwächen

Eine Analyse der eigenen Stärken und Schwächen hilft, sich selbst besser kennen zu lernen, sich zu positionieren und für Gespräche in Bewerbungsrunden zu wappnen. Es geht hier nicht darum, Schwächen auszumerzen und die Stärken zu fördern. Ziel der Analyse ist es vielmehr, das eigene Profil herauszuarbeiten. Jede Schwäche kann auch eine Stärke sein und umgekehrt. Wichtig ist, Ihr eigenes Profil zu kennen und etwas daraus zu machen.

Die Analyse der eigenen Stärken lässt sich gut mit beruflichen Wünschen und Vorstellungen abgleichen. In welchem Bereich werden diese Stärken benötigt, geschätzt und eingesetzt? Womöglich widerspricht Ihr persönliches Profil der vorherrschenden Norm. Aber vielleicht liegt genau darin die Chance, sich im Wettbewerb mit anderen Kandidaten zu differenzieren? Erkennen Sie schließlich die Ergebnisse Ihrer Analyse: Wo kamen Ihre Stärken zur Geltung? Bei welcher beruflichen Aufgabe konnten Sie zum Beispiel Ihr Organisationstalent unter Beweis stellen? Welchen Anteil am Ergebnis können Sie darauf zurückführen? Diese Beispiele sollten Sie dann – wie schon gesagt – auch bei den Bewerbungsgesprächen parat haben.

Durch Erfahrung punkten: Altersspezifische Stärken

Immer häufiger sind es ältere Menschen, die eine Patchwork-Karriere ins Auge fassen. Ihr Motiv ist es zunächst, überhaupt im Berufsleben zu bleiben. Arbeit und Beruf stifteten über Generationen hinweg Identität und Bestätigung; je länger man im Beruf war, desto mehr Wissen und Erfahrung wurden erworben, umso gefragter war man als Meister seines Berufes und umso höher waren Anerkennung und Ansehen. Das hat sich in der jüngeren Zeit gewandelt, Ältere sind nicht mehr gefragt.

Mit der Altersbenachteiligung kann sich bereits der 40-Jährige konfrontiert sehen. Je nach Branche und Umfeld gerät er gerade bei Festeinstellungen oft ins Hintertreffen. Zwar gibt es seit 2000 eine EU-Richtlinie gegen die Altersdiskriminierung, doch lässt sich im konkreten Fall die Benachteiligung schwer nachweisen.

Dementsprechend fatal fallen die Reaktionen der Älteren aus. Weil sie das Gefühl haben, nicht mehr gebraucht und geistig unterfordert zu sein, gehen sie in die innere Emigration oder gleich in die Frühpensionierung. Motivation, Identifikation und Leistungsbereitschaft sinken, der Krankenstand steigt. Frustration, Angst, Unsicherheit und Konfrontationshaltung nehmen zu, während sich ihre Leistungen verschlechtern. Ein Teufelskreis – denn nun bringen die Jüngeren wiederum die angeblich verminderte physische oder psychische Leistungsfähigkeit ins Spiel.

Oft sind es auch gar nicht gesundheitliche Gründe, die ältere Mitarbeiter für einen Arbeitgeber unattraktiv machen. Vielmehr liegt die Ursache darin, dass mit dem Alter systembedingt das Gehalt steigt, dass es altersspezifische Kündigungsschutzbedingungen gibt, und ältere Mitarbeiter zudem noch mit Fördergeldern in die Frühpensionierung geschickt werden können. 60 % der deutschen Unternehmen beschäftigen keine Mitarbeiter über 50 Jahre, und nur 40 % der 55- bis 65-Jährigen, die arbeiten können, sind noch im Erwerbsleben. Die Anteile der Erwerbstätigen in den Altersgruppen zwischen den 50-Jährigen bis zu den 70-Jährigen sinken mit steigendem Alter dramatisch. Erfahrungsreichtum geht dadurch verloren.

Aufgrund der Bevölkerungsentwicklung ist absehbar, dass sich die Unternehmen zunehmend für die Stärken älterer Menschen interessieren werden. So sind die Älteren besser in Organisation und Planung, sozialer Kompetenz und beruflicher Erfahrung, während die Jüngeren eine höhere physische Leistungsfähigkeit mitbringen, mehr Ausdauer haben und sich schneller neuen Technologien und Veränderungen anpassen. Hier gilt es, Anforderungs- und Tätigkeitsprofile mit den Stärken der Altersgruppe abzugleichen und dies bei Teamzusammenstellungen und Positionsbesetzungen zu berücksichtigen. Eine gute Mischung ermöglicht es, Synergien zu nutzen, Kreativitätspotenziale zu heben und einen Know-how-Austausch in Gang zu setzen.

Der Mensch erreicht mit Ende 20, Anfang 30 den Höhepunkt seiner körperlichen und intellektuellen Fähigkeiten, danach vermindern sich Gedächtnis und logische Intelligenz, die sozialen und sprachlichen Fähigkeiten bleiben bestehen. Aufgrund ihrer Erfahrungen sind ältere Menschen in der Lage, vieles auszugleichen und ihre persönliche Produktivität im Alter von 30 bis 40 Jahren weiter zu steigern. Dann reduziert sich der persönliche Output. Dem kann man jedoch gegensteuern: So lässt sich die körperliche Leistungsfähigkeit noch auf Jahrzehnte durch Training erhalten, ebenso die geistige Leistungsfähigkeit, wenn man Bildung in der Jugend erwarb und weiterhin offen für Neues bleibt. Dieser Anforderung kommt der Trend vom lebenslangen Lernen, der Prävention, der Gesundheitsförderung entgegen. Doch prägend sind letztlich altersunabhängig Einstellung, Offenheit und Aktivität sowie schließlich die geistige Reife. Erfolg und Engagement sind keine Frage des Alters, sondern der Mentalität und Einstellung.

Einige Unternehmen entdecken inzwischen wieder die Vorzüge der Älteren. Sie setzen auf ihre Erfahrungen in altersgemischten Teams oder in der Unternehmensspitze, um angeschlagene Unternehmen aus der Krise zu führen. Das Angebot zur Arbeitsleistung ist da, jeder dritte angehende Ruheständler würde noch gern arbeiten, wie Umfragen zeigen.

Altersspezifische Stärken im Vergleich	
Jüngere	Ältere
■ neugieriger	■ bessere Organisation und Planung
■ spielerischeres Herangehen an Unbekanntes	■ mehr Erfahrung und Wissen
■ höhere physische Leistungsfähigkeit	■ Qualitäts- und Verantwortungsbewusstsein
■ Mobilität	■ Persönlichkeit und Gelassenheit
■ Fexibilität	■ Überblick und Souveränität bei komplexen Aufgaben
■ bessere Anpassung an neue Technologien	■ Handlungsökonomie, Ziele mit geringerem Aufwand erreichen
■ mehr Kraft und Geschicklichkeit	■ Prüfung von Wissen und Neuerungen auf praktische Relevanz
	■ realistischere Entscheidungen
	■ erprobtes Netzwerk

3. Nutzen Sie die Auszeiten

Unterbrechungen im Berufsleben geschehen immer wieder; Erziehungsurlaub, Weiterbildung, Orientierungsphase, die Zeit zwischen zwei Jobs,
Arbeitslosigkeit – die Liste möglicher Ursachen ließe sich noch verlängern. Und doch hält sich hartnäckig das Vorurteil, dass ein Ausscheiden
aus einem Job schon auch seinen tieferen Grund habe, der Kandidat
schwierig, nicht erfolgreich, nicht teamfähig sei. Bei häufigerem Job-
wechsel fehle das Durchhaltevermögen, die Persönlichkeit sei nicht
integrationsfähig, ein unsteter Mensch, der sich in einer Abwärtsspirale
befindet. Es gibt Personalleiter oder Entscheidungsträger, die fest davon
überzeugt sind, ein Kandidat habe seinen Jobverlust grundsätzlich selbst
verschuldet, halten ihn für schwer vermittelbar und zudem für einen
Egoisten, wenn er es gewagt haben sollte, die Zeit der Nichtbeschäftigung für eine Weltreise oder einen Klosteraufenthalt auf Zeit zu nutzen.

Als Patchworker haben Sie es praktisch Ihr ganzes Berufsleben mit
derartigen Vorurteilen zu tun. Es ist fast wie ein Treffer im Lotto, wenn
im Berufsleben einmal Alter, Qualifikation und Finanzen stimmen. Als
Berufsanfänger hören Sie oft, Sie seien zu jung, verfügten noch nicht
über genügend Erfahrung für eine bestimmte Position oder eine
schnelle Beförderung. Dabei konnten Sie bei der Einstellung nicht jung
genug sein, mussten das oft karikierte, aber eben doch der Realität
nahe kommende Anforderungsprofil des Top-Bewerbers vorlegen: mit
zwei Studienorten, abgeschlossenem Studium, Prädikatsexamen,
Auslandsaufenthalt, mehrsprachig, verschiedenen Praktika und somit
relevanter Berufserfahrung, sozial engagiert, sportlich herausragend
und das alles am besten mit 24 Jahren.

Dann wendet sich das Blatt über Nacht: Auf einmal sind Sie zu alt,
überqualifiziert und zu teuer. Das kann je nach Branche bereits in den
30ern oder erst mit 40 oder 50 Jahren passieren. So direkt sagt es keiner, aber Sie spüren es bei Interviews und Absagen. Da ist die Befürchtung, ein Älterer passe nicht in ein junges Team, sei nicht anpassungsfähig oder formbar, habe eine eigene Meinung – das kann unbequem
sein. Ein Überqualifizierter bleibe nicht oder engagiere sich nicht richtig. Erfahrungen und Kontakte sind zwar gewünscht und hilfreich,
aber oftmals eben nur in einem bestimmten Altersrahmen. Zum finanziellen Aspekt kommt es dann oftmals gar nicht erst: Wissen und Alter

haben angeblich ihren Preis, und den will man nicht zahlen, ohne überhaupt abzufragen, wie hoch der ist.

Was bedeutet das für Ihre Patchwork-Karriere? Ganz einfach: Bleiben Sie entspannt, arbeiten Sie unbeirrt an Ihrer Positionierung mit all dem, was Sie zu bieten haben. Das mag ad hoc ziemlich schwierig sein, aber die Zeit arbeitet für Sie. Die ersten Unternehmen denken bereits um. Sie werfen Vorurteile über Bord, weil sie erkennen, dass Unterbrechungen im Berufsleben zur Normalität geworden sind. Zudem suchen sie gezielt nach älteren, erfahrenen Mitarbeitern, weil sie sich aus einer gesunden Mischung von jüngeren und älteren Mitarbeitern Vorteile versprechen.

Treten Sie die Flucht nach vorn an!

Kein Mensch ist in seinem Privat- und Berufsleben vor Brüchen sicher; entscheidend ist, wie er sie besteht und was er daraus macht. Der Bruch im Berufsleben mag abrupt entstehen oder sich langfristig schleichend ankündigen. Man kann ihn selbst herbeiführen oder von außen damit konfrontiert werden. Erste Brüche kann es schon in der Jugend geben, etwa durch Wechsel in der Ausbildung, Abbruch einer Lehre, Wechsel eines Studienfachs, wenn sich herausstellt, dass die eigenen Vorstellungen so gar nicht mit den Lehrinhalten übereinstimmen. Es kann die Trennung in der Probezeit sein oder der erzwungene Wechsel im bisher sicheren Berufsweg bei Jobverlust aufgrund von Entlassung oder Aufhebungsvertrag, wenn zum Beispiel das Unternehmen wegen Fusion oder Insolvenz Personal abbauen muss. Oder denken Sie an familiäre Gründe, an Umzüge, auch längere Krankheiten oder Unfälle: Auch dadurch können Veränderungen entstehen, die dazu zwingen, eine andere Tätigkeit aufzunehmen.

Umbrüche können entstehen, wenn Sie Ihre persönlichen Prioritäten neu setzen und Ihr Leben völlig umkrempeln – für viele jedoch bricht eine Welt zusammen. Plötzlich heißt es, sich umzuorientieren, etwas Neues zu beginnen. Freiwillig hätten die meisten diesen Schritt nicht getan. Hochachtung, wer den Mut hat, gezielt einen Bruch vorzunehmen und dann diesen Schritt vor sich selbst und der Umwelt zu rechtfertigen. Menschen mit Umbrüchen im Leben sind immer spannend. Und jeder Wechsel im Rahmen einer Patchwork-Karriere ist ein faszinierender Ansatzpunkt, der eine Biographie bereichert, wenn daraus etwas Konstruktives entwickelt wird.

Bei Lücken im Lebenslauf bietet sich die Flucht nach vorn an: Aktiv diese Phasen benennen und mit Inhalt füllen! Was haben Sie zwischen zwei Projekten gemacht, wie die Zeit genutzt und gestaltet? Weiterbildung, Familienpflege, Entwicklung eines Geschäftskonzepts – die Möglichkeiten sind vielfältig. Überlegen Sie Argumente, warum Sie sich für diesen Weg entschieden hatten und welche fachlichen und persönlichen Fähigkeiten zum Einsatz kamen. Gerade für einen Patchwork-Lebenslauf lässt sich die Diversifikation herausarbeiten und die Palette der Kompetenzen dokumentieren.

Ob freiwillig oder unfreiwillig, diese Lücken im Lebenslauf fallen auf und werden mit Sicherheit Gegenstand jedes Bewerbungsgespräches sein. Darauf sollten Sie sich vorbereiten – am besten schon dadurch, dass Sie diese Phasen bewusst gestalten. Denn Auszeiten können leicht ins Abseits führen, berufliches Wissen veraltet. Je nach Branche und Funktion kann dies bereits nach wenigen Monaten sein; je spezialisierter und qualifizierter die Tätigkeit, desto größer die Gefahr, über aktuelles Know-how nicht mehr zu verfügen und den Anschluss zu verlieren. Schnelllebige Branchen, aber auch konservative Unternehmen wie Banken und Versicherungen haben häufiger Vorbehalte und ziehen den Bewerber nicht mehr in Betracht. In kreativeren Arbeitsfeldern wie Werbeagenturen mag es einfacher sein, Auszeiten im Lebenslauf positiv darzustellen. Und dennoch: Trotz aller vermeintlichen Aufgeschlossenheit und publizierten Entwicklungen werden auch hier Personalabteilungen und Entscheider Brüche eher als Makel sehen.

Praxis-Tipp:

Machen Sie glaubhaft, warum es zu einer gewollten oder ungewollten Auszeit kam. Und stellen Sie dar, was Sie daraus gemacht und gelernt haben. Vor dem Verlust des Arbeitsplatzes ist keiner gefeit – interessant wird es, wie ein Betroffener mit der veränderten Situation umgeht. Wenn das Gegenüber die Gründe nachvollziehen kann, stehen die Chancen für ein offenes Gespräch auf Augenhöhe sehr viel besser.

Vermeiden Sie zu lange Auszeiten. Unterbrechungen in Patchwork-Karrieren sind leichter zu verkraften, wenn die beruflichen Stationen relativ zügig aufeinander folgen. Auch lassen sich Arbeitszeitverkürzungen aus freier Entscheidung, ebenso befristete Arbeitsverträge, Teilzeit-, Interimeinsätze oder interessante Überbrückungsaktivitäten begründen und in einen schlüssigen Patchwork-Lebenslauf besser einbinden als eine langfristige Arbeitslosigkeit.

Ob und wie viele Lücken akzeptiert werden, hängt von der Branche, der Position und der eigenen Vermarktung ab. Um am Ball zu bleiben, bietet sich gezielte Fortbildung an – seien es Seminare, Kurse, Kongresse, Bildungsreisen, Praktika und Fachlektüre. Was sich wirklich eignet, hängt von der konkreten Situation ab und sollte dem Fachgebiet, der Funktion und den persönlichen Fähigkeiten gemäß gestaltet werden. Kurse ersetzen natürlich nicht die Praxis. Wenn Sie die Wahl zwischen einem weiteren Abschluss und konkreter Berufspraxis haben, müssen Sie sorgfältig abwägen. Gerade in einer Zeit, in der die Flut der Weiterbildungsangebote massiv ansteigt und Abschlüsse und Zertifizierungen den Markt überschwemmen, sollten Sie genau prüfen, ob ein meist relativ teurer Kurs wirklich fachlich substanziell neue Inhalte bietet, die Sie in der Praxis dann auch benötigen. Die Anzahl der Diplome und Kurse erhöht nicht unbedingt die Einstellungschancen. Andererseits lassen sich berufliche Lücken, langfristige Bewerbungsphasen und Arbeitslosigkeit gut verpacken und glaubhaft darstellen, wenn sie für Bildung – für „Investitionen in das eigene Humankapital" – genutzt werden.

Auch der Start in die Selbstständigkeit sollte überlegt werden, wenn die berufliche Karriere einen Bruch erleidet. Eine freiberufliche Tätigkeit oder der Aufbau einer Selbstständigkeit zeigen Engagement und Biss. Das kann ein eigener neuer Weg sein – vielleicht aber auch nur eine Überbrückung, bis sich wieder eine Festanstellung ergibt. Dass die Prüfung einer Geschäftsidee negativ ausgeht, die Finanzierung sich nicht darstellen lässt oder die Kunden nicht schnell genug zu begeistern sind – der Versuch einer Selbstständigkeit mit dem Ergebnis, dass der Weg nicht weiterverfolgt wird, ist nachvollziehbar. Im Lebenslauf verweist er auf Aktivität und das Bemühen um adäquate Beschäftigung.

Für den Patchworker bieten Auszeiten die Chance, den Horizont zu erweitern, das eigene Fähigkeitsspektrum auszuloten und weitere Bereiche zu testen. Es können zusätzliche Kompetenzen erworben und die berufliche Eingefahrenheit unterbrochen werden. Eine neue Sichtweise und Kreativität ermöglicht oftmals den Aufbau eines stärkeren Ressourcen- und Energiepotenzials. Sehen Sie also den Karrierebruch als Herausforderung! Die Vielfalt des Berufslebens wird künftig immer öfter dazu führen, dass Sie Ihren Weg überdenken und sich neu positionieren müssen, um einen anderen Einstieg in den Arbeitsmarkt zu finden. War es bisher das klassische Problem der Frauen, nach der Kinderphase den Weg in den Beruf zu finden – mit allen damit verbundenen Schwierigkeiten, Rückstufungen und Qualifizierungslücken –, werden künftig sehr viele Berufstätige mit den Problemen des Wiedereinstiegs konfrontiert sein.

Argumentieren Sie taktisch klug

Auf elegante Weise können Sie die Auszeiten überspielen, wenn Sie Ihren Lebenslauf nicht exakt chronologisch aufbauen, sondern nach Themenbereichen ordnen. Dann lassen sich die Zeiträume größer fassen, und es werden einzelne Kompetenzbereiche oder Projekte unter einer thematischen Überschrift gelistet. Ist jedoch eine tabellarische Übersicht gefordert, sollten Sie die entsprechenden Phasen konstruktiv darstellen. Achten Sie dabei auf eine geschickte Wortwahl: Ein Auslandsaufenthalt verbessert in der Regel Fremdsprachen, Integrationsfähigkeit, kulturelle Sensibilität und Offenheit. Die Familienzeit mit Kindererziehung, Pflege eines kranken Angehörigen, gesellschaftlichem oder karitativem Engagement erweitert soziale Kompetenz und Organisationstalent ebenso wie Geduld und Stressresistenz. In einem karriereorientierten Umfeld werden Sie allerdings kaum auf Verständnis treffen, wenn Sie über längere Zeit hinweg keine beruflichen Prioritäten setzen.

Achten Sie im Anschreiben darauf, dass nicht die Arbeitslosigkeit Grund Ihrer Bewerbung ist; sprechen Sie lieber von beruflicher Neuorientierung und Interesse. Auch sollten Sie nicht von Erziehungsurlaub und Kinderpause, sondern Familien- und Erziehungsarbeit sprechen. Unklare Darstellungen etwa im tabellarischen Lebenslauf lassen Fragen offen, die negativ gedeutet werden können – also möglichst einen thematischen Lebenslauf wählen oder eine interessante Überbrückungstätigkeit angeben. Freiberufliche Tätigkeit, Versuch der Selbstständigkeit oder Weiterbildung sollten ein nachvollziehbares Gesamtbild ergeben, das Sie auch belegen können. Vermeiden Sie Peinlichkeiten im Falle von Nachprüfungen.

Praxis-Tipp:

Der Ton macht die Musik. Versetzen Sie sich deshalb in Ihr Gegenüber, wenn Sie Ihren Lebenslauf formulieren oder beim Vorstellungsgespräch argumentieren. Worauf kommt es an? Welche Eigenschaften und Fähigkeiten schätzt Ihr Gesprächspartner besonders, welche Anforderungen und Kenntnisse sind mit der Position verbunden?

Die Argumentation sollte eingängig sein – und im Idealfall gelingt es Ihnen, eine Lücke in Ihrer Karriere so zu kommunizieren, dass sie als wertvoller Baustein im Patchwork Ihres Lebenslaufs empfunden wird und Sie genau deshalb die Position erhalten. Wichtig ist nicht nur, was Sie gemacht haben, sondern auch warum Sie es getan haben – und wie Sie dazu stehen und es vertreten!

4. Strategie und Taktik für den Patchworker

Setzen Sie die Mosaiksteine Ihres Patchwork-Lebenslaufs zu einem attraktiven Bild zusammen, zugeschnitten auf die jeweilige Position. Rücken Sie dabei Ihre schönsten Steine so in den Mittelpunkt, dass sie gut zur Geltung kommen – die weniger glänzenden Steine verarbeiten Sie dagegen eher am Bildrand, wo sie nicht weiter auffallen. Also: Ehrlich sein, dunkle Punkte nicht einfach unterschlagen, aber den Blick des Gegenübers konsequent auf die Stärken lenken. Worauf sollten Sie dabei aber konkret achten, welche Stolpersteine und Karrierekiller vermeiden?

Stolpersteine: Worauf Sie achten sollten

Haben Sie eine Position selbst gekündigt, sollten Sie nicht mit Unzufriedenheit, Problemen mit Vorgesetzten oder Stagnation argumentieren, sondern lieber den Wunsch nach beruflicher Weiterentwicklung betonen. Wurde Ihnen gekündigt (oder Sie sind selbst gegangen, weil ein Abstieg etwa vom Teamleiter zum Sacharbeiter unumgänglich erschien), ist es besser, wenn Sie mit externen Faktoren argumentieren: Rationalisierungsmaßnahmen, Abbau von Hierarchiestufen, Auflösung der Abteilung etc. Auch wenn der Abgang Ihr eigenes Verschulden ist, sollten Sie in Ihrem Zeugnis auf eine Formulierung drängen wie „… und verlässt unser Haus auf eigenen Wunsch" oder „geht auf eigenen Wunsch" – es klingt einfach besser. Eine Kündigung in der Probezeit sollten Sie nicht als Scheitern darstellen, sondern die kurze Zeit als eine wichtige Erfahrung beschreiben, auch wenn dann fachliche Gründe den Ausschlag für die Trennung gegeben hatten.

Vermeiden Sie negative Urteile über frühere Arbeitgeber, Chefs, Kollegen – das schlägt auf Sie selbst zurück. Erstens trifft man sich im Leben mehrmals, und zweitens würde Ihr Gesprächspartner daraus schließen, dass Sie beim nächsten Job mit ihm selbst so verfahren könnten.

Im Streitfall oder bei fristloser Kündigung durch den Arbeitgeber sollten Sie darauf dringen, dass bis zum fristgerechten Termin unbezahlter Urlaub gewährt wird. Das wahrt den äußeren Schein und hilft unangenehmes Nachfragen zu verhindern. Ähnliches gilt bei eigener Kündigung.

Praxis-Tipp:

Achten Sie auf ein ordentliches Zeugnis, und dabei ganz besonders auf die Formulierung für den Ausscheidungsgrund. Zwar darf nichts Negatives erwähnt werden, aber zwischen den Zeilen lässt sich einiges verstecken. Deshalb unbedingt das Zeugnis von einem Experten prüfen lassen.

Zeitliche Angaben werden in der Regel mit Monat und Jahr angegeben, möglich sind auch Jahresangaben, wodurch Sie Ausfallzeiten vertuschen können. Denken Sie aber daran, dass Sie dann mit Rückfragen rechnen müssen, insbesondere wenn zum Beispiel Zeugnisse der verschiedenen Arbeitgeber nicht lückenlos anschließen. Beim Bewerbungsgespräch müssen Sie Fragen nach früheren Arbeitgebern und Dauer der Arbeitsverhältnisse wahrheitsgemäß beantworten.

Personalchefs und Personalberater empfehlen längere Zugehörigkeiten zu Betrieben. Mindestens fünf Jahre im Unternehmen bleiben, aber nach zwei bis drei Jahren eine Weiterentwicklung zeigen, neue fachliche Aufgaben oder Beförderung beispielsweise – so lautet ihre Empfehlung. Wer mit dreißig oder vierzig fünf- oder sechsmal gewechselt hat, wirft Fragen auf. Aber auch zu wenig Bewegung weckt Misstrauen. Deshalb sollten Sie dem beruflichen Fortschritt Vorrang geben, aber die Beweggründe für die einzelnen Wechsel schlüssig darlegen können.

Bei einem Patchwork-Lebenslauf sind berufliche Rückschritte kaum zu vermeiden. Da jedoch Personalleute geradlinig aufsteigende Karrieren bevorzugen, sollten Sie nicht die hierarchische Position ins Augenmerk rücken, sondern immer die Tätigkeit. Beschreiben Sie Ihre Aufgaben im Rahmen eines thematischen Lebenslaufs. Wenn dann im Gespräch das Thema auf die angeblichen Rückschritte kommt, können Sie immer noch mit guten Gründen argumentieren: spannende Aufgabe, mehr Verantwortung, Umstrukturierung oder keine Führungspositionen zur Zeit auf dem Arbeitsmarkt.

Mit zunehmender Berufserfahrung werden Schulzeugnisse unwichtiger. Biologienoten im Abitur spielen für einen gestandenen Manager keine Rolle mehr. Schlechte Noten lassen sich allerdings nicht verstecken, wenn man Zeugnisse beilegen muss. Wird bei einem Berufsanfänger daraus auf Desinteresse, mangelnden Einsatz oder Faulheit geschlossen, muss er im direkten Gespräch durch andere Leistungen überzeugen und Engagement zeigen.

Praxis-Tipp:

Arbeitslosigkeit von mehr als drei bis sechs Monaten sehen Personaler skeptisch. Nennen Sie deshalb Überbrückungstätigkeiten, um Initiative vorzuweisen. Bei Ausscheiden oder Ausstieg überlegen Sie deshalb gleich Strategien, wie Sie in Ihrem Lebenslauf argumentieren können, falls sich die Leerphase unerwartet lange hinzieht.

Bei längeren Krankheitszeiten erwähnen Sie selbst, dass Sie genesen und wieder voller Elan sind – gegebenenfalls dies auch mit einem Attest belegen, um so aktiv auf die implizierte Frage der Belastungsfähigkeit einzugehen. Eine Aufklärungspflicht durch den Bewerber besteht, wenn er Dritte zum Beispiel durch eine ansteckende Krankheit gefährdet. Dann muss er von sich aus die erforderlichen Auskünfte erteilen. Kommen solche auskunftspflichtigen Tatsachen – zu denen auch ein Wettbewerbsverbot zählt – nach Unterzeichnung des Arbeitsverhältnisses heraus, kann der Arbeitgeber den Vertrag anfechten und Schadensersatz fordern.

Ebenso muss eigenständig offenbart werden, wenn zum Beispiel wegen Erkrankung die so genannten elementarsten Anforderungen für einen vorgesehen Arbeitsplatz nicht erfüllt werden können. Problematisch sind Fehlzeiten aufgrund von Alkohol-, Drogenproblemen, chronischen Erkrankungen, verbüßten Haftstrafen. Hier sollte mit einem Experten geklärt werden, ob es eine Rechtspflicht gibt, diese Schwachstellen zu offenbaren.

Angeblich ist jeder dritte Lebenslauf schöngefärbt. Schummelei wird häufig nicht entdeckt, obgleich Unternehmen auch ab und zu Detekteien einsetzen, um der Wahrheit auf den Grund zu gehen. Positive Darstellung ist eine Seite, Lügen sind gesetzlich verboten: Das können falsche Angaben zu akademischen Graden sein, getürkte Referenzen oder unwahre Angaben betreffend Kompetenz und Position, Zahlen zur Personalverantwortung oder Positionsbezeichnungen. Hier kann sogar strafrechtliche Verfolgung drohen. Wer besondere EDV-Kenntnisse vortäuscht, die für die Tätigkeit relevant sind, dem kann eine Anfechtung des Arbeitsvertrages drohen. Das Risiko, dass falsche Angaben auffliegen, ist groß. Meist genügt ein Kontrollanruf, oft kennt der Personalleiter auch zufällig das Unternehmen und die Größe der Teams – und schon fällt ein Kartenhaus zusammen. Auch Referenzen auf Vorstandsniveau verleiten zu einem Kontrollanruf – und wehe, der Kandidat ist nicht persönlich gut bekannt.

Legitim ist es, Ihre Bewerbung den Kriterien der Ausschreibung anzupassen. Eine kreative Darstellung der eigenen Stärken erhöht die Wahrscheinlichkeit, zum Bewerbungsgespräch zu kommen. Doch sollten Sie bei aller Kreativität Ihren Lebenslauf professionell und korrekt verfassen, um jede Unglaubwürdigkeit und denkbare Bloßstellung zu vermeiden.

Checkliste: Unzulässige und zulässige Fragen bei Bewerbungen

Folgende Fragen müssen nicht wahrheitsgemäß beantwortet werden, es sei denn, sie stehen in unmittelbarem Zusammenhang mit der ausgeschriebenen Stelle:

- Schwangerschaft fällt in die Privatsphäre

- Vorstrafen, es sei denn, für die Stelle käme ein einschlägig Vorbestrafter auf keinen Fall in Frage

- Raucher/Nichtraucher fällt in die Privatsphäre

- Wehr- oder Ersatzdienst

- Religionszugehörigkeit, Mitgliedschaft in einer Partei oder der Gewerkschaft, mit Ausnahme von Tendenzbetrieben

- Homosexualität

- HIV-Infektion und allgemeiner Gesundheitszustand

- Vorlage eines Polizeilichen Führungszeugnisses

- Vorlage einer Schufa-Auskunft

Zulässig sind Fragen nach:

- Beruflicher Qualifikation und Werdegang

- Schwerbehinderung

Die wichtigsten Karrieretipps

Mehr als hundert Faktoren, so heißt es, beeinflussen eine Karriere. Viele davon sind widersprüchlich. Kein Wunder, dass der Markt an Büchern und Seminaren boomt. Interessant ist die Auswertung der Wirtschaftswoche von 250 Managementklassikern und Bestsellern, die von Steffi Augter und ihren Kollegen veröffentlicht wurde. Gewarnt wird hier vor den Mythen Teamarbeit, Visionen, Motivation, Soft Skills und Strategie. Teamarbeit sei skeptisch zu sehen, weil im

Team Einzel- und Gruppenergebnis vermischt werden – Teamplayer ja, dabei aber den eigenen Beitrag aktiv herausstellen. Visionen helfen wenig, wenn sie nicht mit Strategien und operativen Maßnahmen umgesetzt werden. Motivation wirkt nur, wenn sie eine Vision erwähnt, nicht aber die monetären Belohnungen. Die so genannten Soft Skills helfen nur, wenn Know-how und Leistung ebenso stimmen. Reine Fokussierung auf die eigene Zukunftsstrategie macht blind, lieber offen bleiben und möglicherweise mit Umwegen sein Ziel erreichen.

Zu den Karrierekillern gehört das Lästern über Kollegen und Chefs, ebenso wie Sex im Büro. Über Umwege gelangt es an die falschen Adressen, schmutzige Wäsche wird gewaschen und das Betriebsklima belastet. Auch wer seinen Frust demonstriert, übertriebenen Ehrgeiz zeigt, permanente Selbstzweifel äußert oder grobe Selbstüberschätzung demonstriert, steht seiner Karriere im Weg. Denn wer will schon einen Chef ohne jede Vorbildfunktion haben?

Praxis-Tipp:

Wer sich auf seine Stärken konzentriert und diese ausbaut, hat bessere Chancen als jemand, der immer nur versucht, seine Schwächen zu beseitigen.

Wichtig ist der Eindruck, den Sie wecken und hinterlassen. Nach nur drei Minuten hat Ihr Gegenüber Sie in groben Zügen eingeschätzt. Nun heißt es, diesen Eindruck zu untermauern durch Ihr Know-how und Ihre Persönlichkeit. Worte und Taten müssen stimmen, sonst wirken Sie nicht glaubhaft, denn Mitarbeiter und Chefs hören zu und erinnern sich. Auftreten und Handeln müssen stimmig und authentisch sein. Sich professionell und ehrlich zu verhalten wirkt karrierefördernd. Außerdem sollten Sie auffallen, sich aus der Menge herausheben, um bei Beförderungen im Visier zu sein. Das heißt nicht Selbstvermarktung um jeden Preis, sondern eher „Gutes tun und andere darüber reden lassen" – indem Sie Qualität liefern, Präsenz und Engagement zeigen.

> **Praxis-Tipp:**
>
> Da es in hohem Maße auf Fachwissen ankommt, haben Spezia-
> listen bessere Aufstiegschancen als reine Generalisten. Deshalb
> sollten Sie Ihr Wissen vertiefen, aktuell halten und dieses auch in
> Projekten und bei Sonderaufgaben einbringen, um sich einen
> Namen zu machen.

Weiterkommen hängt mit eigenem Wirken zusammen, aber auch mit
einem wohlgesonnenen Mentor an passender Stelle. Bilden Sie deshalb Netzwerke, bauen Sie Beziehungen auf und pflegen Sie diese
auch. Persönliche Kontakte helfen, Wissen auszutauschen, kreative
Ideen zu diskutieren, über die richtige Information zur richtigen Zeit zu
verfügen – und vielleicht auch eine neue Stelle zu finden.

In vielen Unternehmen bauen Personalvorstände auf ihre Erfahrung,
dass längere Firmenzugehörigkeit hilfreich für größere Personalverantwortung sei. Zwei Jahre erscheinen ihnen nicht ausreichend, um Bran-
chen- und unternehmensspezifisches Know-how aufzubauen. Auch
sollten Führungskräfte verschiedene Phasen eines Unternehmens-
zyklus – zum Beispiel Stagnation und Aufschwung – miterleben und
sich dabei bewähren. Zudem braucht es eher eine Dekade, bis sich ein
Netzwerk im Unternehmen und in der Branche gebildet hat, der
„Stallgeruch" angenommen ist und jemand in die oberen Ränge
befördert wird.

In der globalen Wirtschaft sind immer mehr mittelständische und
große Unternehmen international orientiert und erwarten dies auch
von ihren Mitarbeitern. Für Führungskräfte heißt das Mobilität im In-
und Ausland. Oft wird eine Auslandserfahrung bereits im Studium
gewünscht. Gerade internationale Firmen legen Wert darauf, dass der
Internationalisierungsgrad bei der Führungsmannschaft hoch ist. Wer
Karriere machen will, sollte sich offen für Auslandseinsätze zeigen.
Gerne werden erfahrene Führungskräfte ins Ausland geschickt,
obwohl die Begeisterung dafür bei jungen Mitarbeitern meist höher
ist. Mobilität hat ihren Preis, was den Umzug und den Neubeginn
betrifft, aber auch den Aspekt Familie und Umfeld, darüber sollte man
sich im Klaren sein.

Achten Sie auf die Balance in Ihrem Leben. Allzu leicht führt die Fokussierung auf den Beruf dazu, dass Familie, Freunde, Hobbies verloren gehen – mit der Folge, dass am Ende auch die berufliche Leistungsfähigkeit abnimmt, bis hin zu Burn-Out oder Sinnkrise. Hohes berufliches Engagement ja, aber dabei den Blick offen haben auch für andere Dinge des Lebens: Nur dann können Sie ausgeglichen, kreativ und erfolgreich sein.

Kommunikation ist ein Schlüssel für den Erfolg – sei es das direkte Gespräch, Präsentationen vor Kunden oder Vorträge und Ansprachen. Sprechen Sie verständlich und interessiert. Das umfasst Inhalt, Gesichtsausdruck, Tonfall und Stimme, wobei der Inhalt nur einen kleinen Prozentsatz vom Gesamteindruck ausmacht. Sie sollten daher Ihre Ausdrucksfähigkeit und Rhetorik üben.

Karriere hat immer etwas mit Kampf zu tun, denn der Mitbewerber schläft nicht, und die attraktiven Positionen sind rar. Verhalten Sie sich souverän und freundlich gegenüber Ihren Konkurrenten, anstatt durch Ränkespiele Kraft und Kredit zu verspielen. Aber halten Sie die Augen auf, um nicht selbst Gerüchten und Angriffen zum Opfer zu fallen.

Herausragende Führungskräfte haben Charisma – manchen ist es angeboren, die meisten müssen an ihrer persönlichen Ausstrahlung arbeiten. Dazu gehört es, die eigenen Fähigkeiten zu stärken, einem Gesprächspartner zuzuhören, ihn emotional und rational anzusprechen und zu überzeugen, eine innere und äußere Stimmigkeit auszustrahlen.

Patchwork-Karrieren sind schwierig zu beurteilen

Viele Personalleiter tun sich schwer damit, eine Patchwork-Biographie zu beurteilen und einzuordnen. Die Vielseitigkeit, die verschiedenen beruflichen Stationen, der Wechsel von Aufgaben, Arbeitsformen und Orten erschlägt häufig oder beängstigt auch. Wie soll jemand mit einem so bunten Lebenslauf oder breitem Erfahrungshintergrund in ein relativ normales Unternehmen hineinpassen? Internationale Aufenthalte klingen faszinierend – ob solch ein Kandidat jedoch in einer

Firma in der Provinz heimisch wird? Wo bleibt die Konstanz, und wie lange mag er es wohl hier aushalten, wenn er bislang Projektarbeit gewohnt war und nun eine feste Position mit Alltagsroutine übernehmen soll?

Personalchefs und Personalberater sehen rot, wenn ein Kandidat zu häufig und in kurzen Abständen das Unternehmen gewechselt hat. Auf der anderen Seite suchen sie Mitarbeiter, die von außen neue Impulse ins Unternehmen bringen. Hat eine Führungskraft zehn bis 15 Jahre in einem Haus gearbeitet, gilt sie kaum noch als vermittelbar, dazu hat die Umgebung sie zu stark geprägt, und es bestehen Zweifel, ob sie sich noch in eine neue Kultur einarbeiten kann. Die Personalleute bevorzugen Kontinuität, Stationen von mindestens fünf Jahren mit klarer Weiterentwicklung – und dabei möglichst junge Kandidaten.

Wenn Sie als Patchworker vom Angestellten zum Selbstständigen wechseln und sich dann wieder auf eine feste Stelle bewerben, wecken Sie sofort das Misstrauen des Personalchefs: „Vermutlich ist er erst aus einer Festanstellung erfolglos ausgeschieden und reüssiert nun auch nicht in der Selbstständigkeit", werden seine ersten Gedanken sein. Nun kommt es darauf an, dass Sie Ihre vielfältigen Erfahrungen zu einem überzeugenden Mosaik zusammengefügt haben. Es muss dem Vergleich zu einem Bewerber mit standardisiertem Lebenslauf standhalten. Und lassen Sie sich nicht entmutigen, wenn es dennoch nicht klappt: Noch dominieren die traditionell ausgerichteten Bewerber den Markt. Mancher Entscheider ist da einfach noch überfordert, einen Patchworker adäquat zu beurteilen – selbst wenn dessen Mosaik viel spannender ist als das eines Mitbewerbers mit schnurgeradem und eintönigem Curriculum. Und denken Sie daran: Oft wären diejenigen Gesprächspartner, die harte Kriterien stellen – Prädikatsexamen, Internationalität, mehrere Sprachen fließend – selbst nie den Anforderungen der jetzigen Ausschreibung gerecht geworden.

Checkliste: Mögliche Fragen an einen Bewerber mit Patchwork-Lebenslauf

Aufwärmphase

- Gute Anreise, Wetter

Selbstdarstellung

- Was gab den Anstoß, sich bei uns zu bewerben?
- Was wissen Sie über unser Haus?
- Was macht unser Unternehmen für Sie interessant?
- Welche Fragen haben Sie?

Detailfragen

- Erzählen Sie etwas über sich!
- Was war Ihr größter Misserfolg; Ihre Stärken und Schwächen?
- Sind Sie teamfähig, anpassungsfähig?
- Sind Sie bei einer Ihrer beruflichen Stationen im Unfrieden geschieden?
- Suchen Sie Konstanz oder permanente Veränderung?
- Warum haben Sie so häufig gewechselt?
- Welche Vorteile sehen Sie in dem von Ihnen gewählten Berufsweg?
- Wie erklären Sie Brüche und mangelnde Geradlinigkeit in Ihrem Berufsleben?
- Was motiviert Sie und treibt Sie an?
- Kann Sie bei der Vielseitigkeit Ihrer Erfahrungen diese Position überhaupt reizen?
- Wo liegen Ihre persönlichen Karriereziele?
- Was war Glück, was war Können bei Ihrem letzten großen Erfolg?
- Wie kommen Sie mit Vorgesetzten/Kollegen aus, die weniger Erfahrungen haben als Sie?
- Sind Sie offen für Kritik?
- Wo sind Sie in fünf Jahren?
- Weshalb meinen Sie sich für die Position zu eignen?
- Warum sollten wir Sie einstellen?

Der rote Faden in der Patchwork-Karriere

noch: Checkliste: Mögliche Fragen an einen Bewerber mit Patchwork-Lebenslauf

Rückfragen des Bewerbers

- Strategie des Unternehmens
- Erfolgskriterien des Unternehmens, Produkte, Mitarbeiter, Position
- Detaillierung des Verantwortungsgebiets
- Grund für die Neubesetzung der Position
- Strategie der Mitarbeiterbindung
- Schlüsselfähigkeiten der erfolgreichsten Mitarbeiter
- Einbindung in Hierarchie, Berichtswege
- Wichtigste Aufgabe zu Beginn der Tätigkeit
- Einarbeitungs-, Trainingsprogramme
- Integration von Quereinsteigern

Gesprächsabschluss

Selbstständigkeit zwischen Freiheit und Zwang

6

1. Eigene Ideen oder vorhandene
   Konzepte umsetzen 90

2. Wege in die Selbstständigkeit 91

3. Formen der Selbstständigkeit 93

4. Selbstständigkeit als permanente
   Herausforderung 96

1. Eigene Ideen oder vorhandene Konzepte umsetzen

Wer im Rahmen seiner Patchwork-Karriere den Reiz verspürt eigene Ideen umzusetzen, unternehmerisch tätig zu werden, wird den Sprung in die Selbstständigkeit wagen. Oft ist es nach Jahren des Angestellten-Daseins reizvoll, sich auf eigenes Risiko und eigene Rechnung zu bewähren. Manches Mal wird es auch zum notwendigen Schritt, wenn der Stellenmarkt nichts Adäquates zu bieten hat.

Neugründung zur Verwirklichung eigener Ideen

Die Existenzgründung bezeichnet den Schritt in die berufliche Selbstständigkeit. Das erfolgt durch Anmelden des Gewerbes am Gewerbeamt, bei freien Berufen durch die Meldung der Tätigkeit beim Finanzamt. Mit der Selbstständigkeit ist die volle eigene Risikoübernahme verbunden, das heißt private Vorsorge für Krankheit, Unfälle, Alter und weitere Risiken wie Arbeitslosigkeit etc. Es gibt keine geregelten Arbeits- und Urlaubszeiten, keine regelmäßigen Zahlungseingänge; Aktivitäten, Motivation und Disziplin sind gefragt.

Vorteil bei einer Neugründung ist die Verwirklichung einer eigenen Geschäftsidee. Der Aufbau der Aktivitäten kann individuell gesteuert werden, was finanzielles Engagement, Mitarbeiter und Organisation angeht. Diese Gründung auf der grünen Wiese braucht Zeit und dauert länger, als wenn man einen vorhandenen Betrieb übernimmt. Dafür ist man freier, übernimmt keine Altlasten und bindet sich finanziell nicht durch einen hohen Kaufpreis.

Wichtig ist das Produkt oder die Dienstleistung, wodurch man sich von dem breiten Angebot und Wettbewerb differenzieren kann. Essentiell ist es, einen passenden Geschäftsplan zu erarbeiten und für die notwendige Finanzierung zu sorgen.

Übernahme eines vorhandenen Unternehmens

Wer eine Unternehmensnachfolge oder eine Betriebsübernahme anstrebt, hat die Möglichkeit, einen bestehenden Geschäftsbetrieb fortzuführen. Dadurch kann ein bereits existierender Betrieb mit Kunden- und Lieferantenbeziehungen, einem eingespielten Team, eingeführten Dienstleistungen und Produkten sowie das entsprechende Betriebsinventar übernommen werden. Die Übernahme hat in der Regel einen Preis, und es stellt sich die Frage der Unternehmensbewertung, die Themen wie Kaufpreis, rechtliche, steuerliche und betriebswirtschaftliche Belange nach sich zieht. Das ist verbunden mit der Finanzierungsplanung: Will der Alteigentümer mit dem Verkauf sofort aussteigen und den Kaufpreis erhalten oder sind andere Formen wie eine Verrentung denkbar?

Zwar suchen Tausende von mittelständischen Betrieben einen Nachfolger, es ist aber in der Praxis nicht einfach, ein passendes Unternehmen zu finden, bei dem Branche, Standort, Angebot und Kaufpreis den eigenen Vorstellungen entsprechen.

Einfacher ist es, wenn man das Unternehmen bereits aus eigener Tätigkeit kennt und einen Management Buy Out (MBO) macht, somit seine alte Arbeitgeberfirma erwirbt. Aus solch einer Position kann man besser die Positionierung, die Prozesse, das Team und die Profitabilität des Betriebes beurteilen. Beim Mangement Buy In (MBI) übernimmt ein fremder Manager ein Unternehmen.

2. Wege in die Selbstständigkeit

Wer sich für die Selbstständigkeit entschieden hat, sollte einen Business-Plan erstellen, um eine Entscheidungsgrundlage für die Aktivitäten zu haben. Dieser hilft auch bei der Klärung der Finanzierungsfragen. Wenn die eigenen Finanzmittel nicht ausreichen, sollte neben Bank- und Förderkrediten auch Venture Capital (Risikokapital) oder Private Equity geprüft werden. Ebenso kann eine Einbeziehung von Business Angels, die als erfahrene Unternehmer Wissen und Beziehungen unentgeltlich einbringen und sich oft auch finanziell beteiligen.

Business-Plan als Entscheidungsgrundlage

Bis sich aus der Geschäftsidee ein florierendes Unternehmen entwickelt, dauert es geraume Zeit. Egal ob neue Idee oder verbesserter Ansatz: Es ist ratsam, sich durch einen Business-Plan zu verdeutlichen, was man vorhat, wie das Angebot konkret lautet, wer die Kunden und

Lieferanten sind, wie Preisgestaltung, Vertrieb und Marketing laufen sollen. Und last but not least sollte der Finanzteil ausgearbeitet sein: notwendige Investitionen, vorhandenes Eigenkapital, erforderliches Fremdkapital, Umsatz, Kosten und der angestrebte Gewinn.

Daneben sollten Sie auch die eigenen Qualifikationen auflisten und sich informieren, wie Markt und Wettbewerb aussehen. Eine klare übersichtliche Gestaltung hilft die eigene Planung zu strukturieren. Zudem werden diese Unterlagen für Gespräche mit der Bank oder bei Beantragung des Überbrückungsgeldes benötigt.

Finanzierung – die Frage nach dem Geld

Bei der Gründung oder Übernahme eines Unternehmens oder der Aufnahme einer selbstständigen Tätigkeit stellt sich immer die Frage der Finanzierung. Wer als Selbstständiger loslegt, wird die Zeit überbrücken müssen, bis die ersten Aufträge kommen und die Kunden dann auch gezahlt haben. Zudem sind einige Risiken abzusichern, so dass auch hier ein gewisser Finanzbedarf zu decken ist oder aus eigenen Mitteln, ggf. über die Unterstützung der Agentur für Arbeit (Ich-AG oder Überbrückungsgeld) oder aus dem privaten Umfeld. Banken und Förderprogramme finanzieren in der Regel Investitionen, nicht die laufenden Lebenshaltungskosten des Unternehmers.

Im Vorfeld kann es hilfreich sein, auch Business Angels zu kontaktieren, die entweder mit eigenem Geld eine Unternehmensgründung unterstützen oder möglicherweise helfen, Bankenpräsentationen vorzubereiten oder -gespräche zu führen.

Bei großen Beträgen, die beispielsweise bei einem Unternehmenskauf fällig sind, sollte geprüft werden, ob eine Private Equity Gesellschaft ein interessanter Partner ist, die neben Know-how auch Eigenkapital einbringen kann und besser an Fremdkapital herankommt.

Start in die Selbstständigkeit mit staatlicher Unterstützung

Die Ich-AG ist ein staatliches Angebot zur Förderung der Selbstständigkeit. Über einen Zeitraum von drei Jahren werden abgestufte Zuschüsse erteilt. Nach Verschärfung der Gewährung des Existenzgründungszuschusses durch das Sozialgesetzbuch III muss ein Geschäftsplan vorgelegt werden mit der Stellungnahme einer fachkundigen Stelle als Bewilligungsvoraussetzung. Dies kann durch IHKs, Banken, Berufs- und Fachverbände, Wirtschaftsprüfer oder Unternehmensberater erfolgen. Bei der Ich-AG müssen Renten- und Krankenversicherung selbst bezahlt werden. Die Frage nach der Erfolgsstatistik ist politisch, die offizielle Ausfallquote liegt wohl bei 9 %. Aber es wird während der Zeit nicht gefragt, ob die Empfänger von ihrer Selbstständigkeit leben können; für einige ein Versuch, aus der Arbeitslosigkeit herauszukommen, einige werden nach den drei Jahren wohl wieder dorthin zurückkehren.

Alternativ gibt es Überbrückungsgeld für maximal ein halbes Jahr nach Vorlage und externer Prüfung der Geschäftspläne, ebenfalls als eine staatliche Förderung für den Gang in die Selbstständigkeit. Voraussetzung ist die Arbeitslosigkeit bzw. der Anspruch auf Arbeitslosengeld, so dass es bereits vor Beginn der Arbeitslosigkeit beantragt werden kann. Der monatliche Betrag ist abhängig von der Höhe des Arbeitslosengeldes plus einem Zuschuss zur Sozialversicherung. Die Tragfähigkeit und die Umsetzbarkeit des Geschäftsplans für das Unternehmen ist wie bei der Ich-AG von einer fachkundigen Stelle zu bestätigen.

Selbstständige müssen eigenverantwortlich ihre Absicherung und Altersvorsorge leisten. Die Sozialversicherung durch gesetzliche Kranken-, Pflege-, Arbeitslosen- und Rentenversicherung steht ihnen nicht offen, somit müssen sie sich privat versichern und Vorsorge für ihr Alter ebenso wie auch für Zeiten mit geringem Einkommen treffen.

3. Formen der Selbstständigkeit

Fähigkeiten sowohl der fachlichen wie auch der menschlichen Art, die stark das kreative Arbeiten betonen, führen oft zum aktiven Schritt in die Selbstständigkeit. Durch Outsourcing initiiert oder selbst gewählt, suchen zahlreiche Beschäftigte die Form des eigenbestimmten Arbeitens, mit eigener Gestaltungsfreiheit und hohem eigenem Risiko. Die Rolle des Unternehmers liegt nicht jedem, doch geschieht der Wechsel vom Angestelltendasein in die Selbstständigkeit und zurück immer häufiger in einer offenen und sich weiterentwickelnden Wirtschaft und Gesellschaft und bietet für Patchwork-Karrieren immer eine Option.

Unternehmer auf eigenes Risiko

Der Inhaber eines Unternehmens oder eines Betriebes, den er selbstständig und eigenverantwortlich führt, wird als Unternehmer oder auch Entrepreneur bezeichnet. Meist wird ein Gewerbe betrieben, somit eine wirtschaftliche Tätigkeit, die dauerhaft auf eigene Rechnung und Verantwortung mit dem Ziel der Gewinnerzielung verfolgt wird. Zur Ausübung eines Gewerbes muss in Deutschland jede Tätigkeit bei der zuständigen Gemeinde an- und abgemeldet werden, dadurch erhält man einen Gewerbeschein. Ausgenommen sind Tätigkeiten der so genannten freien Berufe. Die Ausübung eines Gewerbes beinhaltet, dass man einen kaufmännischen Geschäftsbetrieb betreibt und somit Bücher führen und einen Jahresabschluss erstellen muss.

Freie Berufe

Jeder fünfte Selbstständige gehört zu der Gruppe der Freiberufler, das sind etwa 760 000 Personen. Freiberufler können selbstständig sein, aber auch angestellt wie z. B. Ärzte, sie unterliegen nicht der Gewerbeordnung. Im Folgenden wird auf die selbstständigen Freiberufler Bezug genommen. Dazu gehören die Vertreter der Heilberufe, die rechts-, wirtschafts- und steuerberatenden Berufe sowie technische Berufe und als vierte Gruppe die freien Kulturberufe.

Freiberufler, die größtenteils projektbezogen in oder für verschiedene Unternehmen arbeiten, werden als Freelancer bezeichnet. Sie arbeiten auf der Basis eines Werksvertrages und müssen bis zu einem vereinbarten Zeitpunkt ein definiertes Ergebnis bringen. Die Bezahlung erfolgt entweder nach Zeit oder Ergebnis. Beliebt sind Freelancer beispielsweise in der IT-Branche. Oftmals erfolgt die regelmäßige Kommunikation zwischen Auftraggeber und -nehmer nur noch über das Internet oder per Telefon. Der Freiberufler hat den Vorteil der Selbstbestimmung, wann und wo er arbeitet, trägt das Beschäftigungsrisiko und muss für Sozialkosten, Nebenkosten und die eigene Disziplinierung sorgen. Für den Auftraggeber ergibt sich bei der Zusammenarbeit mit Freelancern die Möglichkeit, Arbeit zu delegieren, meist günstiger zu kalkulieren und Kapazität und/oder Know-how einzukaufen.

Interim Management – Option für erfahrene Führungskräfte

Unternehmen haben bei reduzierter Kernmannschaft Vorteile des adäquaten Kosten- und Know-how-Einsatzes durch flexible Arbeitsangebote. Hier kann die Beauftragung von Interim Managern eine interessante Rolle spielen, die aufgrund ihrer langjährigen Fachkenntnisse und Erfahrungen pragmatisch und umsetzungsorientiert für eine bestimmte Zeit Verstärkung leisten. Dies ist für die Firmen kosten- und zeitmäßig flexibel handhabbar und bietet den Spezialisten interessante Projektarbeit im Rahmen einer Tätigkeit als selbstständige Experten.

Zeitliche oder fachliche Engpässe können somit überwunden werden durch die professionelle Unterstützung erfahrener Führungskräfte, die als Interim Manager für einen begrenzten Zeitraum im Unternehmen tätig werden und operativ volle Verantwortung für eine definierte Aufgabe oder einen bestimmten Bereich übernehmen. Sie bieten maßgeschneidertes Know-how zur rechten Zeit am rechten Ort und werden als Externe sachorientiert ein Problem schnell und kompetent lösen. Dabei lassen sich bedarfsgerecht Einsatzdauer und -intensität anpassen und damit auch die Kosten der auf Tagesbasis honorierten Interim Manager adäquat eingrenzen. Aufgrund ihrer vielfältigen Tätigkeiten in verschiedenen Firmen und Funktionen verfügen sie über spezifisches Wissen und stellen sowohl ihre soziale Kompetenz als auch ihr berufliches Netzwerk für die konkrete Aufgabenstellung zur Verfügung.

Nach langjähriger Erfahrung im Linienmanagement schätzen es Führungskräfte, die sich für eine Tätigkeit als Interim Manager entschließen, selbstständig zu sein und verschiedene Projekteinsätze für unterschiedliche Unternehmen erfolgreich durchzuführen. Ihnen wird Flexibilität und Professionalität abverlangt. Sie übernehmen während des Interim Einsatzes die Rolle des operativ tätigen Managers im Tagesgeschäft, werden die Situation analysieren und die Richtung vorgeben, aber auch als Change Manager und Coach im Unternehmen das Team fordern und fördern.

Unternehmen und externer Manager müssen gemeinsam eine realistische Einsatz- und Aufgabenplanung finden. Dazu bietet sich die Einschaltung eines Interim Management-Vermittlers an, der sowohl den Wunsch des Unternehmers als auch den beruflichen Hintergrund seines Kandidaten einschätzen kann. Zahlreiche Interim Manager akquirieren selbstständig und kommen so zu einer attraktiven Auslastung. Es ist eine spannende und vielseitige Tätigkeit, zumeist auch eine sehr intensive und herausfordernde Aufgabe. Der Erfolg des Interim Managers ist seine beste Empfehlung für die nächste Aufgabe.

4. Selbstständigkeit als permanente Herausforderung

Wer den Weg wählt, auf eigenes Risiko zu arbeiten, hat unterschiedliche Arbeitszeiten und in der Regel kein konstantes Einkommen. Diejenigen, die sich in den letzten Jahren ihre Existenz aufgebaut haben, werden auch aufgrund der Marktlage längerfristig kämpfen müssen, bis sie sich etabliert haben, und das wird auch für die nächste Gründergeneration gelten.

Arbeitszeit und Verdienst variieren

Selbstständige und Freiberufler kennen das Phänomen der schwankenden Auslastung. Zeiten mit hohen Honoraren und variablen Vergütungen können längere Phasen ohne Einkünfte oder mit Aufträgen zu geringen Konditionen folgen. Die Basisvergütung mag mit einem leistungsabhängigen Teil gekoppelt sein, mit einer variablen Zahlung bei erfolgreichem Auftragsabschluss. Ebenso gibt es aber auch zwischen den Auftrags- und Projektphasen Zeiten ohne Zahlungseingänge. Je nach Markt- und Wettbewerbslage müssen auch trotz eigener Zielvorstellungen finanziell unattraktive Angebote angenommen werden, um Referenzprojekte zu bieten und überhaupt die Liquidität zu erhalten.

Die Honorierung mag relativ hoch erscheinen, wenn man sich die Stunden- und Tagessätze von Selbstständigen ansieht. Beliebt ist eine Hochrechnung des Tagessatzes auf der Basis von 200 Arbeitstagen im Vergleich mit einem Angestelltengehalt. Zu berücksichtigen ist hier aber das unternehmerische Risiko des Selbstständigen, der die Sozialabgaben selber zahlt und Zeiten der Akquise, Fortbildung, Nichtbeschäftigung und des Urlaubs einkalkulieren muss.

Unterbrechungen der Berufstätigkeit sinnvoll gestalten

7

1. Arbeitslosigkeit
   als ungewollte Unterbrechung . . . 98

2. Geplante Auszeit nehmen 100

3. Überbrückungsmöglichkeiten 105

4. Zeitarbeit als Wiedereinstieg
   oder Überbrückung 107

1. Arbeitslosigkeit als ungewollte Unterbrechung

Die Mitteilung einer Kündigung ist, ob erwartet oder unverhofft, für die meisten ein Unglück. Wenn Restrukturierungen im Gange sind oder Entlassungswellen aus wirtschaftlichen Gründen in Unternehmen anstehen, mag man unterschwellig vorgewarnt sein, doch ist man selbst betroffen, ist das immer eine Zäsur.

Praxis-Tipp:

Bei Kündigung heißt es Ruhe bewahren und strukturiert vorgehen: Zum einen auf seine Rechte achten bezüglich Kündigungsdatum, Ansprüche, Zeugnis und weitere offene Punkte, zum anderen sich nicht zurückziehen, sondern aktiv die eigene Vermarktung in Richtung einer neuen Position angehen. Nur wer nichts tut, wird zum Verlierer.

Arbeitslosigkeit – Entlassung oder eigene Kündigung

Glück hat, wer nahtlos vom einen in den anderen Job wechselt und sich nicht um Bewerbung und Leerzeiten kümmern muss. Fast immer ist man froh, bei Kündigung durch den Arbeitgeber finanziell durch das Arbeitslosengeld zumindest teilweise abgesichert zu sein. Das Arbeitslosengeld ist in der Höhe beschränkt, wird aber auch bei hohem Einkommen bezahlt. Und das wirkt sehr beruhigend, wenn von einem Tag zum anderen die Gehaltszahlungen entfallen und die laufenden Kosten weitergehen. Es kann schnell zu Liquiditätsengpässen kommen.

Bei eigener Kündigung oder Abschluss eines Aufhebungsvertrags gibt es so genannte Sperrfristen, über die man sich informieren muss, bevor man diese Richtung einschlägt oder einen Vertrag unterschreibt. Die Kündigungsfrist sollte im Arbeitsvertrag festgelegt sein, ansonsten gelten die gesetzlichen Fristen von vier Wochen zum 15. oder zum Monatsende. Will man vorher aus dem Vertrag heraus, kann ein Aufhebungsvertrag vereinbart und das Beschäftigungsverhältnis in gegenseitigem Einvernehmen beendet werden. Achtung bei Kündigung durch den Arbeitgeber: Wer einen Aufhebungsvertrag unterschreibt, nimmt sich das Recht, gegen die Entlassung zu klagen und riskiert eine Sperrzeit beim Arbeitslosengeld. Nur wenn in der Aufhebungsvereinbarung klar steht, dass diese wegen wirtschaftlicher Schwierigkeiten der Firma geschlossen wurde und dem Mitarbeiter sonst gekündigt worden wäre, entfällt die Sperrzeit; dies sollte aber genau mit einem Arbeitsrechtler geklärt und Informationen bei der Agentur für Arbeit eingeholt werden. Kündigt der Arbeitgeber, kann der Beschäftigte eine Abfindung verlangen. Manchmal gibt es Sozialpläne, ansonsten sollte man sich von einem Anwalt beraten lassen. Bei Führungskräften kommt es oft zu hohen Abfindungszahlungen, auch hier wird vorher ein Aufhebungsvertrag geschlossen.

Eine Kündigung aus eigener Initiative muss gut überlegt sein. Man sollte auf Fristen achten, und im besten Fall einen unterschriebenen neuen Arbeitsvertrag oder einen überzeugenden Entwurf für die Selbstständigkeit in der Tasche haben. Bei eigener Kündigung gibt es Arbeitslosengeld nur nach einer Sperrfrist. Wer selbst kündigt, sollte sich Gedanken über die finanzielle Absicherung machen und auch einen Plan für die Zukunft haben. Es gehört Mut dazu, denn die Such- und Orientierungsphase kann sich hinziehen. Glückskinder finden sofort Alternativangebote, die Erfahrung auf dem Arbeitsmarkt zeigt jedoch, dass es schwierig ist und dauern kann, bis man einen neuen Job findet.

Bewerbungsphasen können sich hinziehen

Bewerbungsphasen nach Abschluss einer Aus- oder Weiterbildung können zu längeren Zeiten ohne Beschäftigung führen. Die Findungsprozesse in Unternehmen dauern, und so kann es passieren, dass erst nach Wochen oder Monaten ein Angebot oder eine Absage vorliegen. Deshalb verschiedene Bewerbungsaktivitäten starten, Alternativen angehen, falls die Wunschrichtung nicht klappt. Ebenso auch neue Aktivitäten beginnen, um längere arbeitsfreie Zeiten auszufüllen. Denn bei Gesprächen kommt oft die Frage, was der Kandidat seit dem Examenstag oder dem Abschluss der letzten Position gemacht hat. Einige Wochen kann man noch mit Urlaub und Bewerbung erklären, nach etwa drei Monaten wird es kritisch. Trotz schwieriger Marktlage gehen Personalfachleute nach der Papierform und sehen in längeren unerklärten Leerzeiten einen Malus, vermissen Initiative, wenn nicht eine Überbrückungsaktivität benannt ist. Das kann dazu führen, dass im Gespräch sehr genau nachgehakt wird, bzw. es gar nicht zu einem Interview kommt.

2. Geplante Auszeit nehmen

Auszeiten lassen sich mit verschiedenen Aktivitäten ausfüllen, einem Sabbatical, einer Weiterbildungsmaßnahme oder einer Familienphase. Es mag von Vorteil sein, gezielt eine Orientierungsphase einzulegen, um sich über die nächsten beruflichen Schritte klar zu werden. Solche Zeiten, die man sich selber gönnt und die eine Pause vom vollen beruflichen Engagement bedeuten, helfen neue Eindrücke zu gewinnen und den eigenen Horizont zu erweitern.

Sabbatical – eigene Träume verwirklichen

Wer sich eine längere Auszeit gönnen möchte, wählt die Form des Sabbaticals, meist zwischen drei und zwölf Monaten, bezahlt oder unbezahlt. Das kann im Rahmen eines Arbeitsverhältnisses mit einer Arbeitsplatzgarantie verbunden sein, während des Wechsels zwischen zwei Arbeitsstellen oder nach einer Kündigung. Bisher sind erst wenig Unternehmen gewillt, eine Freistellung auf Zeit zu gewähren. Der Grundgedanke eines Sabbaticals ist es, sich aus seinem beruflichen und privaten Alltag für einen Zeitraum auszuklinken, um eigenen Zielen nachzugehen. Der Wunsch nach solch einer Auszeit ist relativ hoch, doch Arbeitnehmer befürchten den Verlust des Arbeitsplatzes, einen Karriere-Knick oder Image-Verlust.

Den perfekten Zeitpunkt für ein Sabbatical wird es nie geben, auch wenn der latente Wunsch meist länger vorhanden ist. Nach Abschluss eines Projektes, zwischen zwei Jobs oder einfach geplant – ein Sabbatical bietet die Chance eigene Träume zu verwirklichen von dem Segeltörn bis zum Schreiben der Doktorarbeit, der Entwicklungshilfe in der Dritten Welt, dem Erholen nach einem Burn-Out oder der Rückbesinnung durch einen Aufenthalt im Kloster auf Zeit. Der Ausstieg fordert Mut und Durchsetzungsvermögen im beruflichen wie im privaten

Umfeld, er zeigt immer eine Bereicherung, eine wertvolle Erfahrung, und man setzt für sich selbst einen entscheidenden Punkt. Dabei ist die erste Hürde, diese freie Zeit für sich zu rechtfertigen, zu nehmen und zu nutzen. Die Vorbereitung beinhaltet einiges an Planungsaufwand, um eine Regelung mit dem Arbeitgeber zu finden, die finanzielle Seite zu klären, Familie und Freunde zu überzeugen, die entsprechenden Papiere zu beantragen und die Planung für die Aktivitäten vorzunehmen.

Bisher bieten schätzungsweise erst 3–5 % der deutschen Firmen ihren Mitarbeitern ein Sabbatical an über Zeitkonten oder unter Gehaltsverzicht, was je nach Branche auch „FlexLeave", „Timeout" oder „Leave of Absence" genannt wird. Ansonsten ist es individuelle Verhandlungssache zwischen Arbeitgeber und Arbeitnehmer, Konditionen für ein solches Programm zu vereinbaren. Grundsätzlich gibt es in Deutschland keinen gesetzlichen Anspruch für Angestellte auf Auszeiten, im Rahmen der Gesetze zur flexiblen Arbeitszeitregelung von 1998 und 2001 können diese Zeiten allerdings über Jahresarbeitskonten als Sonderform der Teilzeitarbeit unter Teilzeitarbeitsrecht genommen werden.

Immer ist eine Auszeit eine Veränderung für denjenigen, der aufbricht, und auch für diejenigen, die zurückgelassen werden. Man gewinnt viele neue Eindrücke, es fehlt der berufliche Rahmen mit all seinen Pflichten, aber auch die Bestätigung. Im Allgemeinen umfasst eine solche Auszeit einige Monate, danach dürfte es schwierig werden, im geregelten Alltag wieder Fuß zu fassen, das sehen sowohl Sabbatical-Nehmer wie auch Personalexperten so. Abschied und Rückkehr beinhalten eigene Erfahrungen; der Wiedereinstieg oder Neuanfang in den scheinbar unveränderten Alltag kann zum Problem werden. Doch alle diejenigen, die sich ein Sabbatical geschenkt haben, berichten von der eigenen Weiterentwicklung und sehen diese Zeit als ein Geschenk.

Aus- und Weiterbildung, um beruflich fit zu bleiben

Im Rahmen einer Patchwork-Biographie wird es immer wieder zu Phasen der Aus- und Weiterbildung kommen, sei es um sich zu spezialisieren, eine Zusatzqualifikation zu erwerben oder auch um arbeitsfreie Zeiten sinnvoll zu überbrücken. Hier lässt sich in die Tat umsetzen, was bei voller Berufstätigkeit sehr schwer realisierbar und z. B. bei Fern- und Abendkursen mit hohen Belastungen verbunden ist. Nicht jeder Arbeitgeber ist davon begeistert, wenn regelmäßig Bildungsurlaub genommen wird. In Zeiten knapper Personaldecke und hohen Kostenbewusstseins wird auf Kurse kritisch geschaut und Weiterbildung nicht als Incentive oder Belohnung für gute Leistungen eingesetzt. Da wird nur das Notwendigste betrieblich gefördert. So liegt es an jedem selbst, sich neben der Arbeitszeit mit Fach- und Führungskenntnissen auf dem Laufenden zu halten, im Rahmen von Lehrgängen und Studien die Kenntnisse zu erweitern und auch einen offiziellen Abschluss zu erwerben, denn noch immer haben ein Zertifikat oder eine Prüfung großes Gewicht.

Die Möglichkeiten der Weiterbildung sind weit gefächert von der Volkshochschule bis zur Fernuniversität, dem Rhetorikkurs bis zum Sozialtraining. Wichtig ist, dass Interesse und Spaß dabei sind und man einen Anknüpfungspunkt zum aktuellen oder gewünschten Tätigkeitsfeld findet. Qualifikation ist immer eine gute Basis für den beruflichen Erfolg. Wissens- und Kompetenzerwerb sind spannend und machen Spaß, wenn man aufgrund der eigenen Berufserfahrung viel schneller Querverbindungen und praktische Anwendungen sieht, zudem eröffnen sie neue Perspektiven für die berufliche Zukunft, was Employability und Aufstiegschancen betrifft. Das hilft bei der Motivation und späteren Vermarktung der Aus- und Weiterbildung im Patchwork-Lebenslauf.

Zur Aktualisierung des betriebswirtschaftlichen Wissens kann der Master of Business Administration (MBA) erworben werden. Mittlerweile gibt es zahlreiche Teilzeitstudiengänge, die parallel zur Berufstätigkeit zu belegen sind. Die Vollzeitstudien dauern ein bis zwei Jahre und sind insbesondere an den renommierten amerikanischen und europäischen Elite-Universitäten relativ teuer. Sie wird man in den ersten Berufsjahren ins Auge fassen, gestandene Führungskräfte werden jedoch eher die berufsbegleitende Variante bevorzugen oder Sommerkurse an einer der renommierten internationalen MBA-Adressen wählen.

Während der Überbrückungszeiten kann man sich in fachliche Themen einarbeiten und Artikel in Fachzeitschriften veröffentlichen. Wer seinen Traum einer Doktorarbeit verwirklichen möchte oder eine angefangene Promotion im Schrank hat, mag sich zügig an das Thema setzen. Oder man entwirft eine Marktstudie oder Befragung zu einem Fachthema und kommt dadurch in Kontakt mit Fachleuten, erhält Informationen und vielleicht auch interessante Ansatzpunkte für eine neue berufliche Tätigkeit. Wer sein Talent als Autor entdeckt und einen Roman schreibt, kann dabei viel Spaß haben und vielleicht einen Verlag finden und mit ganz viel Glück einen Bestseller landen.

Orientierungsphase vor dem Neubeginn

Wer sich selbst die Zeit nimmt für eine Orientierungsphase, trifft eine weise Entscheidung, die oft nach außen nicht einfach vermittelbar ist. Anstelle operativer Hektik und den Sprung in die erste beste Position zu wagen oder sich in ein Studium zu stürzen, ist es durchaus sinnvoll, sich erst einmal klar zu werden über das eigene Ziel. Da bieten sich Gespräche und Praktika, sowie Arbeiten auf Probe an, um zu vermeiden, dass man die Lehre oder das Studium abbricht oder wechselt oder beim Arbeitgeber kündigt. Mancher mag auch die Orientierungsphase mit mehr Ruhe verbinden und sich ein Sabbatical erlauben, wenn Umorientierung oder Neuanfang gefragt sind. Meist sind solche Auszeiten ein Luxus, denn es stellt sich die Frage der Finanzierung. Wer nicht sicher ist, was er will, wo seine beruflichen Stärken liegen, wie realistisch die eigenen Erwartungen sind, sollte sich diese Zeit nehmen und sie nutzen. Von außen und im Nachhinein wird immer die Frage kommen, was man gemacht hat, wo die Motivation lag, deshalb sollten Sie auch solch eine Orientierungsphase gründlich planen und belegen.

Fehlentscheidungen zu korrigieren ist langfristig teuer, und es ist mühsam, aus einer ungeliebten Situation herauszukommen. Wenn man selbst nicht überzeugt ist von dem, was man macht, gemacht hat oder wofür man sich bewirbt, überzeugt man auch andere nicht. Wertvolle Zeit kann vergehen, bis man eine Korrektur vornimmt oder Konsequenzen zieht, sei es, dass man nach einer längeren erfolglosen Bewerbungsphase eine neue berufliche Ausrichtung einschlägt oder ein leidiges Studium beendet. Zwar ist es nie zu spät für eine Veränderung, einen neuen Weg zu suchen und einen Patchwork-Lebenslauf zu gestalten, doch warum nicht erst durchatmen und die verschiedenen Möglichkeiten prüfen, um sich dann bewusst und begeistert zu entscheiden, – spannend wird es ohnehin.

Familienphase einlegen

Mit der Geburt der Kinder kommt die klassische Auszeit für Frauen, geregelt durch Mutterschutz und Erziehungsurlaub. Gesetzlich vorgeschrieben beginnt der Mutterschutz 6 Wochen vor dem errechneten Geburtstermin. Nach der Niederkunft dürfen Mütter bis zum Ablauf von 8 Wochen nicht beschäftigt werden. Ebenso regelt das Gesetz die Höchstarbeitszeit. Mehr-, Nacht- und Sonntagsarbeit sind verboten. Erziehungsurlaub können beide Elternteile nehmen.

Das Dilemma Kinderbetreuung und/oder Berufstätigkeit geht zu Lasten der Frau. Der Anteil der Männer, die Erziehungsurlaub nehmen, ist verschwindend gering, die Befürchtung von beruflichen Nachteilen, kritischen Diskussionen mit Kollegen und dem Umfeld wirken negativ auf das Interesse an einer Reduzierung der Arbeitszeit oder einer Auszeit zugunsten der Kinder.

Die Entscheidung der Mutter, die volle Elternzeit zu nehmen und ausschließlich für Kinder und Familie zu sorgen, ist nicht einfach. Für die Betreuung der Kinder ist es bestimmt eine sehr gute Lösung, für die eigene Berufsentwicklung weniger. Denn je länger der berufliche Ausstieg dauert, desto schwieriger lässt sich wieder Anschluss finden. Die Berufswelt ändert sich so schnell, dass sich nach drei bis fünf Jahren die meisten Arbeitsplätze signifikant gewandelt haben, was Knowhow, Technikanforderungen, Inhalte und Prozesse angeht. Unternehmen bieten zumeist relativ wenig, um eine Weiterbildung der Mitarbeiter in der Familienpause zu gewährleisten. Somit bleibt es eine persönliche Aufgabe, sich beruflich fit zu halten. Der Wiedereinstieg ist in einem harten wirtschaftlichen Umfeld nicht einfach nach Wahl des Teilzeitweges.

Wer karrieremäßig dort anknüpfen möchte, wo er bzw. sie ausgestiegen ist oder die Familienzeit angerechnet bekommen will, hat es bei Personalchefs extrem schwer. Zwar lässt sich die Familienzeit so darstellen, dass Organisationsfähigkeit, Sozialkompetenz und Konfliktfähigkeit unter Beweis gestellt wurden, aber die Wertschätzung dieses Engagements im beruflichen Umfeld ist begrenzt.

Männer, die eine Familienpause gezielt einlegen, werden ebenfalls Gegenwind spüren: Für ein paar Monate bewundernswert; für ein

Jahr wird es schon kritischer, dies besonders in der Wirtschaft als karrierefördernde Zeit anerkannt zu bekommen. Arbeitgeber zeigen sich verständnisvoll, mitarbeiterorientiert, aber wenn es darauf ankommt, gilt in der überwiegenden Zahl der Fälle das klassische Bild des vollen Engagements für die Arbeit. Privatleben ist wünschenswert, aber sollte selbstverständlich im Hintergrund laufen und nicht das Berufsleben dominieren. Die Bereicherung durch Kinder und Familie stellt kein Unternehmen in Abrede, doch sollten sich alle Beteiligten flexibel zeigen, was in der Praxis heißt: der Job geht vor.

3. Überbrückungsmöglichkeiten

Ob geplant oder ungeplant: Sie sollten freie Zeiten mit Aktivitäten ausfüllen, die sich auch im Lebenslauf gut vertreten lassen. Das können ehrenamtliche Tätigkeiten sein, die Durchführung von Projekten oder Weiterbildungsaktivitäten. Vielleicht reizt es Sie auch eine Zeit im Ausland zu verbringen und neue Eindrücke zu sammeln.

Ehrenamtliche Tätigkeiten und soziales Engagement zeigen

Ehrenamtliche Mitarbeiter engagieren sich bei Organisationen, kirchlichen Stellen, Vereinen, sozialen und staatlichen Organen, ohne eine Bezahlung zu erhalten. Der Freiwilligensurvey der Bundesregierung fand 1999 heraus, dass zwei Drittel der Bevölkerung ehrenamtlich tätig sind. Viele Dienste könnten ohne Ehrenamtliche kaum existieren, wie die Bewährungshilfe, Telefonseelsorge, Caritas und Diakonie, Rotes Kreuz, Altenheime, Sport- und andere Vereine.

Das soziale unentgeltliche Engagement ermöglicht es, Erfahrungen und Tatkraft in eine sinnvolle Aufgabe einzubringen. Das Tätigkeitsspektrum ist vielseitig, von der persönlichen Betreuung von Menschen bis hin zur Verwaltung und Organisation von sozialen Projekten. Diese Form der Arbeit ist in der Regel sehr befriedigend, weil der Bedarf an Unterstützung offensichtlich ist und in der Regel auch ein positives Feed-back zurückkommt.

Wer sich für seine soziale Arbeit ein Umfeld sucht, das außerhalb des beruflichen Tätigkeitsfeldes liegt, wird andere soziale Gruppen, deren

Probleme und Bedürfnisse kennen lernen. Da heißt es unabhängig von dem eigenen beruflichen Status auf Menschen zuzugehen, sich zu öffnen und Akzeptanz zu gewinnen. Es bietet sich die Chance für neue Erfahrungen, Grenzen zu überschreiten und sich selbst neu zu entdecken im Umgang mit anderen in der Gewissheit, gebraucht zu werden.

Die Tätigkeit mag parallel zur Berufstätigkeit erfolgen, ebenso können damit beschäftigungsfreie Zeiten ausgefüllt und überbrückt werden. Ansprechpartner findet man bei den Freiwilligenagenturen, den Kirchen oder über Internetadressen.

Projekte übernehmen

Alternativ bietet sich die Übernahme von pro bono Projekten an: das ehrenamtliche unbezahlte Engagement, die Beratung eines Vereins oder einer sozialen Einrichtung. Als Freelancer sind über Datenbanken, Annoncen oder dem eigenen Netzwerk bezahlte Aufträge für Projekte oder ggf. Urlaubsvertretungen zu generieren. Ebenso kann man sich als Business Angel engagieren. Damit lässt sich eine sinnvolle Tätigkeit und Berufspraxis nachweisen, während man parallel dazu auf der Suche nach einer Festanstellung ist oder noch am Konzept für die Selbstständigkeit bastelt. Für manchen können die ersten Projekte der Einstieg in die Selbstständigkeit oder die Tätigkeit als Interim Manager sein.

Erfahrungen im Ausland sammeln

Im Zeitalter der Globalisierung legen Firmen großen Wert auf internationale Erfahrungen und exzellente Sprachkenntnisse. Man kann sie im Rahmen eines Auslandsaufenthaltes erwerben durch Praktikum oder Berufstätigkeit, während des Studiums Auslandssemester einlegen, an Seminaren teilnehmen oder eine ausgiebige Reise unternehmen. Fremde Menschen und Länder erweitern den Horizont, ermöglichen es Sprachen zu erlernen und erhöhen die Aufgeschlossenheit gegenüber anderen Kulturen. Beliebt sind die Master of Business Administration Programme (MBAs). Innerhalb der EU gilt Freizügigkeit, so dass man in jedem Land ohne Erlaubnis arbeiten kann, meist ist aber nach sechs Monaten eine Aufenthaltserlaubnis zu beantragen. Über die Regelungen im außereuropäischen Ausland sollte man sich informieren.

4. Zeitarbeit als Wiedereinstieg oder Überbrückung

Zur Überbrückung und Finanzierung freier Zeiten bieten sich Zeitarbeit oder Teilzeitarbeit an und damit die Möglichkeit, den Kontakt zum beruflichen Umfeld nicht zu verlieren, neue Firmen kennen zu lernen sowie den Vorteil, neben dem Einkommen auch sozialversichert zu sein.

Zeitarbeit besser als ihr Ruf

In Überbrückungsphasen sollten auch zeitlich begrenzte Arbeitsmöglichkeiten in Erwägung gezogen werden. Bis die nächste Arbeits- oder Ausbildungsphase beginnt, können mehrere Monate durchaus mit Zeitarbeit ausgefüllt werden. Es zeugt von Eigeninitiative, man verdient Geld, behält den Markt im Auge und findet vielleicht auch den Einstieg in einen permanenten Job. Zeitarbeit ist nicht die optimale Lösung, aber eine Variante, wenn man sich Optionen offen halten will.

Je höher Qualifizierung, vorherige Berufserfahrung, Position und Einkommen waren, desto schwieriger ist der Einsatz durch ein Zeitarbeitsunternehmen. Für Führungskräfte wird in der Regel Zeitarbeit nicht in Frage kommen, für sie ist eher Interim Management, Management auf Zeit, eine zu prüfende Variante.

Zeitarbeit ist eher ein Ausweg für Arbeitsuchende, die keine Festanstellung in einem Unternehmen suchen oder einen Zeitraum überbrücken wollen. Nur 2 % der Deutschen würden gerne bei einer Zeitarbeitsfirma arbeiten laut einer Repräsentativumfrage des B.A.T. Freizeit-Forschungsinstituts 2003, bei Arbeitslosen würden sich nur 5 % dafür entscheiden (Opaschowski 2004, Zeitwohlstand). Denn der wechselnde Einsatz, teils Abruf beim Kundenunternehmen auf Tages- oder Wochenbasis, erfordert viel Flexibilität, es fehlen ein konstanter

Kollegenkreis und ein eigenes Verantwortungsgebiet. Die berufliche Entwicklungsmöglichkeit und finanzielle Attraktivität sowie Perspektiven sind limitiert. Zudem wird der Einsatz vom Zeitarbeitsunternehmen vorgegeben, die zugewiesene Stelle des Personaldienstleisters ist anzunehmen auch dann, wenn man unterfordert ist; die freie Wahl entfällt.

Auch wenn Zeitarbeit für die meisten eher eine Notlösung ist, sollte man diese Variante nicht von der Hand weisen, solange sich keine attraktive Alternative bietet. Von Vorteil sind die in der Regel schnellen Entscheidungen: Wochenlanges Warten nach Versenden der Unterlagen entfällt. Der Zeitarbeiter hat die Möglichkeit, bei seinen Einsätzen verschiedene Unternehmen und Arbeitsplätze kennen zu lernen, Berufserfahrung zu sammeln, Einkommen zu erzielen. Für ihn kann es im Rahmen der Berufsbiographie sinnvoll sein, um eine weitere Phase im Patchwork-Lebenslauf auszufüllen oder den festen Einstieg in ein Unternehmen zu finden. Spätestens nach zwei Jahren sollte aber der Absprung in den regulären Arbeitsmarkt geschafft sein. Zeitarbeit entsprechend nach außen zu vertreten als Erfahrung, Engagement und eine Chance, über diesen Weg einen Einstieg in eine langfristig angelegte Tätigkeit zu finden, ist immer noch einfacher, als in der Arbeitslosigkeit zu verzweifeln!

Teilzeit, um im Beruf zu bleiben

Um Auszeiten zu überbrücken und zu finanzieren, kann man auf Teilzeitarbeit zurückgreifen. Wer eine Ausbildung macht und parallel verdienen möchte, oder wer in der Familienphase nicht ganz den Anschluss verpassen will, sollte diese Möglichkeit prüfen, auch wenn das Angebot auf dem Arbeitsmarkt relativ begrenzt ist.

Der Zeiteinsatz ist variabel gestaltbar. Meist werden Halbtagstätigkeiten angeboten, der Beschäftigte wird vormittags oder nachmittags eingesetzt mit der Hälfte der tariflichen Arbeitszeit. Dies ist eine beliebte Form der Teilzeitarbeit und mit anderen Aufgaben organisatorisch am einfachsten zu verbinden. Beim Jobsharing teilen sich zwei oder mehrere Mitarbeiter einen Vollzeitarbeitsplatz, die individuelle Verteilung der Arbeitszeit bleibt ihnen überlassen. Angenehm ist eine flexible Teilzeitregelung, bei der die Zahl der Stunden festgesetzt wird, die pro Woche oder Monat zu erbringen sind, entweder bei freier Zeiteinteilung oder auf Abruf, wenn Bedarf vorliegt.

Klarer Vorteil der Teilzeitarbeit: Arbeitnehmer, die gegen Entgelt beschäftigt sind, unterliegen der Versicherungspflicht (Kranken-, Pflege-, Renten-, Arbeitslosen- und Unfallversicherung). Dies gilt auch für geringfügige Beschäftigungen – somit sind Mini-Jobs eine Überlegung wert für den, der bei unabgesicherten freien Zeiten im Netz der Sozialversicherung bleiben will. Darüber hinaus sollte der sozialpsychologische Aspekt beachtet werden: Kontakte zu halten, gebraucht zu werden, Leistung zu erbringen, Geld zu verdienen.

Geringfügige Beschäftigung

Dazu gehören so genannte „Mini-Jobs" – auch „400-Euro-Jobs" genannt –, denen vier Mio. Arbeitsnehmer in Deutschland nachgehen. Diese Arbeitsverhältnisse sind für den Arbeitnehmer sozialversicherungs- und steuerfrei. Der Arbeitgeber zahlt Beiträge zur Kranken-, Renten- und Pflegeversicherung in Form einer Pauschale.

Werden mehrere geringfügige Beschäftigungen ausgeübt und wird dadurch die 400-Euro-Grenze überschritten, werden die Arbeitsentgelte addiert. Die Arbeitsverhältnisse sind dann auch voll sozialversicherungspflichtig und es fallen entsprechend Arbeitnehmerbeiträge an.

Niedriglohn-Jobs, auch „Midi-Jobs" genannt, sind Tätigkeiten, bei denen der monatliche Bruttoverdienst derzeit zwischen 400,01 und 800 EUR liegt. Der Arbeitnehmerbeitrag zur Sozialversicherung wird hier nicht linear gemäß Entgelt berechnet, sondern gemäß einer Gleitzonen-Regelung.

Akquise von Arbeit und Aufträgen

8

1. Prüfen Sie Ihre Möglichkeiten 112

2. Präsentieren Sie sich
   professionell 115

3. Identifizieren Sie die passenden
   Unternehmen 118

4. Überzeugendes Selbstmarketing . . 119

5. Untermauern Sie bisher
   Erreichtes 124

1. Prüfen Sie Ihre Möglichkeiten

Das abwechslungsreiche Leben eines Patchworkers stellt diesen immer wieder vor eine ganz entscheidende Frage: Wie schaffe ich es, eine neue Stelle oder einen neuen Auftrag zu bekommen? Weit mehr als bei einer herkömmlichen Karriere kommt es darauf an, Unternehmer in eigener Sache zu sein. Wie stellt man sich selbst dar? Und wie findet und erhält man den passenden Arbeitgeber oder Auftrag?

Auf dem Arbeitsmarkt gibt es ein Überangebot an Arbeitskräften, die um attraktive Stellen im Wettbewerb stehen, ebenso konkurrieren Selbstständige um die lukrativen Aufträge und Projekte. Für Sie als Patchworker ist es deshalb unabdingbar, sich professionell zu präsentieren und zu vermarkten. Da bekanntermaßen zwei Drittel der Jobs nicht über die Agentur für Arbeit oder Zeitungen angeboten werden, kommt es auf ein gutes berufliches und privates Netzwerk an. Das gilt ebenso für Selbstständige: Nur ein geringer Teil der Aufträge wird ausgeschrieben oder annonciert. Es gilt also, diesen verdeckten Arbeitsmarkt zu erschließen.

Bevor Sie Ihr Marketing in eigener Sache beginnen, müssen Sie grundsätzlich entscheiden: Wollen Sie den direkten Anschluss an die bisherige Berufstätigkeit oder Ihr Glück als Quereinsteiger suchen? Prüfen Sie sorgfältig Ihre Vergangenheit, Ihre Stärken und Ihre Ziele, bevor Sie dann entscheiden, in welche Richtung Ihre Such- und Vermarktungsaktivitäten gehen sollen.

Sicherlich ist eine Patchwork-Karriere meist nicht geradlinig. Oft sind es besondere Umstände, Zufall, Neugierde oder die Begeisterung für eine interessante Tätigkeit, die zu einem neuen Berufsabschnitt führen. Nicht immer bestimmen die logischen Aspekte der Karriereplanung die Entscheidungen, sondern häufig auch pragmatische Lösungen, aus der Not entstanden oder spontan mit Spaß getroffen. Solche Entscheidungen, die sich nicht an klaren persönlichen Zielen orientieren, bergen jedoch ein hohes Risiko: Ein allzu bunter Lebenslauf macht es schwierig, einen Job zu finden. Zwar gibt es dann viele Anknüpfungspunkte, doch die geforderten langjährigen Erfahrungen oder fundierten Spezialkenntnisse in einer bestimmten Branche oder Funktion fehlen.

Qual der Wahl

Wenn Sie einen neuen Mosaikstein in Ihr Patchwork setzen, lässt sich dessen Wirkung auf das Gesamtbild noch schwer abschätzen. Klar ist eigentlich nur, dass es nicht der letzte Stein sein wird. Als Patchworker haben Sie deshalb die Qual der Wahl: Bleiben Sie Ihrem bisherigen Tätigkeitsfeld treu und nutzen die dort bestehenden Chancen? Streben Sie eine neue Funktion an? Locken Ausland oder Ausbildung? Macht der Schritt in die Selbstständigkeit (oder zurück ins Angestelltendasein) Sinn? Bleiben Sie in der Branche oder wollen Sie einen Wechsel wagen?

Natürlich sind einige Weichen längst gestellt. Doch wird der nächste Schritt sicher nicht die endgültige berufliche Aufgabe bis zur Rente sein, sondern wiederum ein Teilabschnitt, der Ihre Erfahrungen erweitert und neue Optionen öffnet. Dabei werden Sie ad hoc nicht erkennen, ob der neue Job ein Vorwärts-, Seitwärts- oder Rückschritt ist. Manchmal zeigt sich erst zwei Phasen weiter, wie sich die Aspekte verbinden lassen und ergänzen. Patchwork-Karrieren zeichnen sich dadurch aus, dass sie das Leben widerspiegeln mit all seinen schwierigen Zeiten, Brüchen, Durchhaltephasen und Höhenflügen.

Quereinsteiger haben es schwerer

Wenn Sie sich für einen Anschlussjob entscheiden, können Sie auf Bestehendem aufbauen – und Sie werden es vermutlich nicht schwer haben, einen neuen Arbeitgeber von Ihren Fähigkeiten und Kompetenzen zu überzeugen. Schwieriger liegt der Fall, wenn Sie den Wechsel in einen ganz anderen Bereich erwägen. Dazu benötigen Sie Mut, Glück – und gute Argumente. Denn meist tun sich Unternehmen schwer mit Quereinsteigern. Klar, wenn es an Fachkräften mangelt und die Kandidaten rar sind, mag das eine (Not-)Lösung sein. In der Regel befürchtet der Arbeitgeber jedoch, dass ein Externer die Branche nicht versteht, den Stallgeruch nicht erwirbt, sich nicht anpassen kann – oder zumindest eine Menge an Ausbildungskosten verursacht, bevor er seine volle Leistung erbringt.

Auch wenn viel von Mobilität die Rede ist, in der Realität sind Wechsel zwischen Branchen bei Führungskräften eher selten. Branchenfremde schaffen, so eine Untersuchung von der Personalberatung Spencer

Stuart, nur in 15 % der Fälle den Einstieg: Bei Banken, Chemie und Automobil sind es 10 %, bei Beratungsunternehmen 30 %. Das liegt an der Zurückhaltung der Unternehmen, aber auch an der Vorsicht der Kandidaten. Beide Seiten scheuen die Risiken. Über die wundersame Wirkung von Exoten und Quereinsteigern im Management liest man gerne, tut sich aber schwer, sie ins eigene Unternehmen zu holen.

Eine Ausnahme von der Regel lässt sich beobachten, wenn die Firma eine neue Technik oder Methode einsetzen will. In diesem Fall hat ein Quereinsteiger gute Chancen, weil er neue Denkanstöße gibt, einen frischen Wind ins Unternehmen bringt und dazu beiträgt, die Firmenkultur zu verändern. Sein Einsatz gilt zwar als risikoreich, ist aber ausdrücklich erwünscht. Der Neuling hat es dann allerdings nicht leicht, sich einzugewöhnen und anzupassen, ohne seine Eigenheiten und Stärken zu verleugnen.

Das Potenzial der flexiblen Seiteneinsteiger wird von der Wirtschaft noch selten genutzt. Erst wenige Unternehmen setzen auf eine kreative Mischung in ihren Teams, wie etwa amerikanische Beratungsunternehmen, die ganz bewusst Absolventen unterschiedlicher Fachrichtungen einstellen: neben den klassischen BWL- und Jura-Absolventen auch Mediziner, Zoologen oder Philosophen. Ihnen geht es darum, kritische Geister zu gewinnen, die bei Kunden etablierte Prozesse und Strukturen hinterfragen. Die notwendige Methodenkompetenz wird schnell vermittelt, das Branchen- und Fachwissen haben sich die Berater „on the job" anzueignen.

Wie die Erfahrung zeigt, steigt in Boomzeiten das Interesse an ungewöhnlichen Lebensläufen, während in schwierigeren Zeiten die meisten Firmen doch eher Bewährtes suchen, anstatt auf unkonventionelle Fächerkombinationen, abgebrochene Studien, Self-made-people oder geistes- und sozialwissenschaftliche Absolventen zu setzen. Anstatt die Persönlichkeit eines Außenseiters zu beurteilen, greifen Personalverantwortliche lieber auf traditionelle Lebensläufe zurück, die sich leicht vergleichen lassen und weniger Risiken bergen. Somit sinken die Chancen für Seiten- und Quereinsteiger.

Halten wir also fest: Bewerber mit Patchwork-Karrieren mögen zwar Trendsetter für die Arbeitswelt von morgen sein. Heute haben sie es aber oft schwerer, sich zu vermarkten. Im klassischen Bewerberkarussell nach Papierform fallen sie häufig durch, während sie im persönlichen Gespräch gewinnen oder durch Eigeninitiative auffallen. Oft müssen sie noch gegen Klischees oder Unverständnis ankämpfen. Es kommt also auf ein gutes Selbstmarketing an. Dann wird es ihnen gelingen, durch ihre besonderen Eigenschaften – Flexibilität, Vielseitigkeit, Erfahrungsbreite, Mehrdimensionalität, Kompetenz, Veränderungsbereitschaft – zu überzeugen. Hinter jeder Patchwork-Karriere steckt auch ein Stück Unternehmer mit Lebenserfahrung.

2. Präsentieren Sie sich professionell

Ein gutes Produkt hat eine unique selling proposition (USP) – seine Einzigartigkeit, weshalb es der Kunde dringend benötigt. Ebenso hat ein Lebenslauf mit seinen Erfahrungen und Fähigkeiten eine Einmaligkeit, die Sie herausarbeiten und kommunizieren müssen. Ausgangspunkte hierfür sind eine klare Definition Ihrer Stärken, der rote Faden in Ihrer Karriere und die daraus erstellte Kurzpräsentation (siehe Kapitel 5). Welchen Nutzen und konstruktiven Beitrag können Sie dem Unternehmen bieten – so lautet die sich daran anschließende Kernfrage, an der Sie Ihre Bewerbung ausrichten. Die schriftlichen Unterlagen sollten bestens ausgearbeitet sein, ebenso muss die mündliche Präsentation zünden. Denn was hilft der tollste Patchwork-Lebenslauf, wenn er nicht gut dargestellt wird?

Schriftliche Unterlagen überzeugend zusammenstellen

Die Kriterien für schriftliche Unterlagen klingen einfach – klar, übersichtlich und auf den Punkt gebracht sollen sie sein, nicht zu lang, aber mit allen relevanten Informationen. Das gilt für Anschreiben und Lebenslauf, aber ebenso – wenn Sie selbstständig tätig sind – für Firmenbroschüre, Leistungsangebot und Ihre Präsentationen. Wer sich nicht sicher fühlt, sollte einen Spezialisten hinzuziehen, einen Bewerbungsexperten, einen Werbefachmann oder Lektor. Auch ein kritischer Laie verhindert manche gekünstelten oder komplizierten Textpassagen. Denken Sie daran: Der erste Eindruck der schriftlichen Präsentation zählt, zumal diese als Referenz beim Kunden bleibt.

Um überhaupt ins Blickfeld des Adressaten zu kommen, müssen Sie Aufmerksamkeit und Neugier erregen. Lassen Sie Ihre besondere Kompetenz ins Auge stechen. Suchen Sie einen Aufhänger, der das Interesse des Lesers weckt. Präsentieren Sie eine Idee oder einen Vorschlag für ein Problem, mit dem sich das angesprochene Unternehmen gerade herumschlägt. Machen Sie einen ungewöhnlichen Vorschlag, der Sie unterscheidet. Das kann ein Arbeitsangebot auf Probe sein oder eine erfolgsabhängige Vergütung. Wählen Sie aus Ihrem Lebenslauf ein Detail, vielleicht auch aus dem Bereich der Hobbies, das Sie prädestiniert als Partner für das Unternehmen.

Praxis-Tipp:

Bei Hunderten von Anschreiben und Angeboten für die ausgeschriebene Aufgabe sollten gerade Sie sich unterscheiden, differenzieren und positiv auffallen. Der Angesprochene muss das Gefühl bekommen, er verpasst eine wichtige Gelegenheit für sich und das Unternehmen, wenn er Sie nicht persönlich kennen lernt.

Überlegen Sie, wie Sie einen Fuß in die Tür bekommen – vielleicht auch über eine Empfehlung, eine prägnant formulierte E-Mail oder einen direkten Anruf. Oder präsentieren Sie sich als Problemlöser für ein Thema, das den Adressaten bewegt, oder für eine Aufgabe, die auf ihn zukommt, und zeigen Sie so Marktkenntnisse und proaktives Engagement.

Der persönliche Eindruck, den Sie vermitteln, und die schriftliche Bewerbung müssen zueinander passen. Sie sollten deshalb auf Farbe und Form des Schriftstücks achten. Das Gesamtbild – von der Visitenkarte bis zu den Unterlagen – muss stimmig sein. Der Wunsch, sich aus der Menge der Bewerber hervorzuheben, darf nicht zu einem Design führen, das diesem Gesamtbild widerspricht. Um auf sich aufmerksam zu machen, können Sie Anzeigen schalten oder auch ausgefallene Ideen entwickeln, die zu Ihrem Image passen. So entwarf ein Kommunikationsmanager ein Werbeplakat mit seinem Stellengesuch und ließ es an eine Plakat-Großfläche hängen – kostspielig, doch die lokalen Medien berichteten über den Einfall. Und das Telefon stand bei dem Kandidaten nicht mehr still.

Internet und neue Medien nutzen

Von Firmen ebenso wie von Selbstständigen wird heute erwartet, dass sie sich auf einer eigenen Homepage vorstellen. Bei Bewerbern ist das hingegen eher unüblich, privat ausgerichtete Homepages sollte man im beruflichen Umfeld nicht angeben.

Der Internetauftritt ermöglicht es einem Gesprächspartner, sich vor oder nach einem Treffen über Leistungsangebot, Philosophie und Erfahrungen des Bewerbers zu informieren. Auf recht elegante Weise kann mittlerweile der Internetauftritt – der sich jederzeit aktualisieren lässt – sogar das Versenden eines Prospektes oder anderer schriftlicher Unterlagen ersetzen. Natürlich kommt es auch bei einer solchen Homepage wieder auf Übersichtlichkeit, prägnante Sprache und klare Informationen an. Achten Sie zudem auf einen schnellen Aufbau der Seite am Bildschirm.

In einigen Branchen, beispielsweise in der Werbebranche, können Sie auf der Klaviatur der neuen Medien spielen, um sich und Ihr Leistungsangebot zu vermarkten, z. B. mit Videos oder CDs, auf denen Sie Arbeitsproben vorstellen.

Zielführende Gespräche führen

Bei jedem Akquisegespräch ist das Zuhören wichtig. Meist sagt der Ansprechpartner, was er will und wie das Problem aussieht, für das er eine Lösung sucht. Also nicht vor lauter Begeisterung und Selbstdarstellung in einen Redeschwall verfallen. Wer die Fülle seiner Patchwork-Karriere aufzählen möchte, hat viel zu erzählen. Dennoch sollten Sie lieber zuhören und genau die Argumente liefern, die Ihren Gesprächspartner interessieren. Nur so strahlen Sie Kompetenz und Souveränität aus.

Gehen Sie aus keinem Gespräch, ohne dass Klarheit über die nächsten Schritte besteht, insbesondere wer am Zuge ist und wie die zeitliche Planung aussieht. Nach jedem Treffen sollten Sie die wesentlichen Inhalte und Vereinbarungen notieren. Oft ist es hilfreich, nochmals einen Aufhänger zu finden, um ein Feed-back zu bekommen oder sich nach einiger Zeit in Erinnerung zu bringen. Selbst wenn das Gespräch gezeigt hat, dass man nicht zusammenkommt, halten Sie immer noch eine Türe offen, um den Kontakt eines Tages vielleicht wieder aufgrei-

fen zu können. Das beste Gesprächsergebnis ist natürlich ein Angebot, ein unterschriftsreifer Vertrag oder ein Auftrag.

3. Identifizieren Sie die passenden Unternehmen

In Deutschland gibt es mehrere hunderttausend Unternehmen. Einige
wenige davon müssen Sie aussuchen. Damit ist klar, dass Sie zunächst
Ihr Ziel festlegen müssen: Wo ist der relevante Markt? Was möchten
Sie wem anbieten? Steht das Suchprofil fest, können Sie im nächsten
Schritt eine Segmentierung vornehmen: nach Branchen, nach Funktionen, nach Unternehmensgrößen, nach Regionen. Für wen könnte
ich interessant sein? Wer kann mit meinem spezifischen Angebot
grundsätzlich etwas anfangen? Wo lässt sich die Patchwork-Karriere
am geschicktesten vermarkten?

Nur wenn Sie eine gute Vorauswahl treffen, gelangen Sie mit begrenzten Ressourcen zügig ans Ziel. Die Definition sollte möglichst exakt
sein, sprich: Sie sollten Ihren Wunschjob klar vor Augen haben. Daraus
folgen Überlegungen, wie er zu erreichen ist – entweder auf direktem
Weg oder auf Umwegen. Indem Sie auch zweitbeste Lösungen und
Alternativstrategien entwickeln, erhalten Sie Handlungscluster, an
denen Sie sich orientieren können.

Nehmen Sie die ausgewählten Adressen näher unter die Lupe. Welche
Fähigkeiten sind dort gesucht, welche Probleme haben diese Unternehmen? Es kann sich herausstellen, dass Angebot und Nachfrage
kaum zusammenpassen. Dann sollten Sie auf eine Bewerbung verzichten – oder aber darüber nachdenken, ob und wie Sie Ihre eigenen
Ziele anpassen können und wollen. Mit einem Patchwork-Lebenslauf
dürfte es nicht allzu schwer sein, Strategie und Taktik zu ändern und
die Ansprache auf das Unternehmen zuzuschneiden.

Auch Ihre Wettbewerber sollten Sie analysieren. Nur so wird es Ihnen
gelingen, sich von ihnen abzuheben. Der klassische Strategieansatz
„entweder beste Qualität oder niedrigster Preis" bietet bei der Bewerbung um Arbeit keine überzeugende Alternative. Neben den externen
gibt es die internen Bewerber aus dem Unternehmen. Für Selbstständige, die ihre Dienstleistungen anbieten, ist die Konkurrenz ebenso
hart, wenn nicht noch härter, da es neben den Mitbewerbern noch
genügend Firmen gibt, die ihr Serviceangebot verkaufen möchten.

Unternehmen kommunizieren ihren Bedarf nicht allein durch Stellenannoncen oder Ausschreibungen, sondern nutzen häufig auch vorhandene Beziehungen. Der überwiegende Teil der Stellen wird quasi im Verborgenen besetzt, ebenso wie die meisten Aufträge über ein vorhandenes Netzwerk vergeben werden. Die Kunst für den außenstehenden Bewerber ist es, Vakanzen oder Probleme eines Unternehmens zu erkennen und daran die Akquisitionsstrategie zu knüpfen. Ein Teil der Herausforderung liegt auch darin, den latenten Bedarf zu entdecken, zu wecken und konkret anzusprechen. Ziel sollte zunächst ein persönliches Gespräch sein, das die Chance bietet, die eigenen Fähigkeiten und Ideen darzulegen und den Partner zu überzeugen. Wichtig ist es dabei, dessen latente oder offene Bedürfnisse tatsächlich zu treffen und ihm gute Argumente zu liefern. Die Präsentation muss klar und gut recherchiert sein und nicht an veralteten Informationen aufgehängt sein – nur dann wird sie Interesse wecken.

Für einen Außenstehenden ist es sicher nicht leicht zu erkennen, wo genau ein Unternehmen einen speziellen Bedarf hat. Eine Blindbewerbung oder Kaltakquise kann daher durchaus Sinn machen. Vielleicht ergibt sich daraus dann ein Anknüpfungspunkt, möglicherweise erst mittel- oder langfristig. Bei dem einen oder anderen potenziellen Auftraggeber mag es emotionale Hemmnisse geben, Probleme zuzugeben und die Lösung mit einem externen Spezialisten zu versuchen. Manchmal gibt es virulente Fragen, die lange offen sind und erst eines äußeren Anstoßes bedürfen, damit sie angegangen werden. In jedem Fall lohnt es sich auch hier, den Versuch zu starten.

4. Überzeugendes Selbstmarketing

Ob Sie eine neue Anstellung suchen oder als Selbstständiger einen Auftrag akquirieren wollen – in beiden Fällen gibt es grundsätzlich zwei Möglichkeiten: Entweder Sie reagieren auf konkrete Angebote oder Sie agieren selbst, um in Firmen einen latenten Bedarf anzusprechen. Entscheiden Sie, welche Vorgehensweise Ihnen mehr liegt. Sind Sie eher erfolgreich, wenn Sie auf konkrete Angebote und Anzeigen antworten? Oder liegt es Ihnen, durch so genannte Kaltakquise aktiv einen neuen Markt zu erschließen?

Reagieren als Angestellter

Wenn Sie als Angestellter eine neue Stelle suchen, können Sie auf Anzeigen in Zeitungen oder Jobausschreibungen im Internet reagieren. Das Unternehmen kommuniziert eine Vakanz, beschreibt die Position und in der Regel das Anforderungsprofil. Meist ist es klar, um welches Unternehmen es sich handelt, so dass es leicht fällt, die eigene Vorstellung mit dem Angebot zu vergleichen und zu entscheiden, ob eine Bewerbung lohnend ist. Ähnlich gestaltet es sich bei Annoncen von Personalberatern – hier ist lediglich oft noch ein Dienstleister vorgeschaltet, der für das Unternehmen die Vorauswahl trifft. Nachteil bei einer Reaktion auf eine Anzeige ist die große Zahl an Bewerbungen, oft steht man mit mehr als hundert Interessenten im Wettbewerb.

Die Vorgehensweise sieht wie folgt aus: Einsenden der Unterlagen, Kandidat erhält eine Empfangsbestätigung, firmeninterne Vorauswahl, Absage oder Einladung zum Gespräch, je nach Usance des Hauses mehrere Gesprächsrunden an einem Tag oder mehrere Termine, bis dann später das konkrete Angebot oder die Absage erfolgt. Dieser Prozess kann sich über Wochen und Monate hinziehen.

Werden Sie direkt von einem Headhunter oder Personalberater angesprochen, ist der Kreis der Konkurrenten kleiner, aber der Wettbewerb genauso intensiv. Der erste Schritt nach dem Einsenden der Unterlagen ist das Gespräch mit dem Headhunter, der seinem Kunden die in Frage kommenden Kandidaten präsentiert. Erfolgt dann eine Einladung durch das Unternehmen, ist der Personalberater beim ersten Termin in der Regel anwesend.

Agieren als Angestellter

Durchaus interessant kann im Falle einer konkreten Jobsuche eine Annonce in einer regionalen oder überregionalen Zeitung oder einer Fachzeitschrift sein. Das ist zwar recht teuer, doch bietet diese Variante die Möglichkeit, seine Spezifika herauszustellen, sich aktiv zu vermarkten – und neben Werbezuschriften auch gute Angebote zu bekommen. Seinen Lebenslauf in eine Jobbörse im Internet zu stellen ist meist kostenfrei und ebenfalls den Versuch wert. In Zeiten, in denen Unternehmen mit Initiativbewerbungen überschüttet werden, sollte man sich jedoch nicht auf diesen Weg verlassen.

Initiativbewerbungen zeigen aktives Engagement. Hier kommt es darauf an, dass Sie einen passenden Anknüpfungspunkt finden und den zuständigen Ansprechpartner identifizieren. Ein Anschreiben an die Personalabteilung, „Ich suche einen Job, können Sie mich brauchen" ist wenig zielführend. Da sollten Sie lieber etwas Zeit investieren, die Verbindung zwischen der Agenda der Firma und den eigenen Kriterien Ihrer Patchwork-Karriere suchen und den Namen des Entscheidungsträgers ausfindig machen, den Sie dann persönlich anschreiben. Es empfiehlt sich, ein Kurzprofil beizulegen, die vollständigen Bewerbungsunterlagen mit Zeugnissen jedoch erst bei Bedarf nachzureichen. Eine solche Blindbewerbung hat Vorteile: Es gibt weniger Mitbewerber, Sie zeigen Initiative, können Interesse wecken – und haben vielleicht das Glück, an eine nicht ausgeschriebene Position zu kommen.

Es ist eine taktische Frage, ob Sie eine Handvoll Unternehmen kontaktieren und sich dann bei Absagen der nächsten Gruppe zuwenden, oder gleich in großem Stil versuchen, einen Job zu akquirieren. Nur dürfen Sie nicht den Überblick verlieren, denn jede einzelne Bewerbung sollte auch telefonisch von Ihnen nachbearbeitet werden, um eine klare Antwort oder Begründung für die Absage zu bekommen. Auf diese Weise erhalten Sie wertvolle Hinweise für die nächste Runde – oder auch einen Anlass, es bei einem Unternehmen erneut zu versuchen. Wenn zum Beispiel bis Jahresende ein Einstellungsstopp besteht, können Sie den Fall auf Wiedervorlage legen.

Für einen Kandidaten mit Patchwork-Lebenslauf ist das persönliche Gespräch besonders wichtig. Oft können da etwaige Vorbehalte gegen die Vielfalt der Jobs und Erfahrungen ausgeräumt werden. Deshalb sollten Sie nachhaken, um einen Termin zu vereinbaren. Wenn Sie telefonisch stark sind, können Sie auch erst anrufen, Ihr Anliegen vorbringen und dann die Unterlagen nachreichen.

Vielleicht gelingt es Ihnen damit, einen persönlichen Kontakt herzustellen und die Jobsuche indirekt einfließen zu lassen. Bitten Sie den Ansprechpartner um ein Interview oder versuchen Sie, mit ihm bei einer Fachmesse oder einem Event ins Gespräch kommen, um auf diese Weise Ihre Kompetenz zu zeigen. Ihr Gesicht ist dann bekannt, und es fällt leicht, sich auf ein gemeinsames Thema zu beziehen und den Ansatz für die Bewerbung zu finden.

Akquise von Arbeit und Aufträgen

Aufmerksamkeit und Interesse können Sie durch eigene Aktivitäten wecken, etwa durch Vorträge oder Seminare, bei denen Sie Ihre Fachkenntnisse präsentieren, durch Veröffentlichung von Artikeln in Fachzeitschriften oder auch dadurch, dass Sie sich in redaktionellen Beiträgen als Experten zitieren lassen. Diese Alternativen können ein wichtiges Stück Eigenvermarktung sein, benötigen jedoch einen langen Atem und müssen bei Angestellten auch immer mit dem Arbeitgeber abgestimmt sein.

Und vor allem: Bleiben Sie am Ball! Durch Aufbau und Pflege eines Netzwerkes, sei es auf Messen, Seminaren und Tagungen oder durch Mitgliedschaft etwa in Verbänden, entstehen interessante Kontakte. So erhalten Sie Hinweise, wo sich in der Unternehmenslandschaft Veränderungen und damit Möglichkeiten für eine aktive Bewerbung ergeben. Natürlich ist es am besten, Sie werden auf eine neue Position angesprochen. Aber dafür müssen Sie erst einmal auf dem Radarschirm eines Entscheiders erscheinen.

Reagieren als Selbstständiger

Auch ein Selbstständiger reagiert natürlich auf Anzeigen in Zeitschriften oder in Jobbörsen für freie Mitarbeit, auf Projektanfragen, die über Netzwerke oder Vermittler verschickt werden, oder auf Anfragen, die direkt über die eigene Webseite oder aus dem beruflichen und persönlichen Netzwerk kommen. Von Vorteil ist hier, dass man den Akquisitionsaufwand knapp halten kann. Oft genügt es, das eigene Profil in eine Datenbank oder bei einer Agentur einzustellen, es gelegentlich zu aktualisieren – und man erhält Vorschläge, die zum persönlichen Leistungsprofil passen. Vermittler oder Projektdatenbanken bieten eine Dachmarke, vertreten ein breiteres Spektrum und entfalten mehr Marketingaktivitäten als der Einzelkämpfer. Zudem ist ihr Bekanntheitsgrad höher, so dass Unternehmen eine solche Instanz bevorzugen, um mehrere Angebote zu bekommen und sich damit die gesamte Basisrecherche und Grundauswahl zu ersparen.

Meist ist man einer von vielen Anbietern, der auf eine Ausschreibung reagiert. Das Risiko, dass auch Testanfragen gestartet werden oder man sich detailliert auf Projekte bewirbt, die dann gar nicht vergeben werden, lässt sich wohl nicht vermeiden: Über Vermittler, Agenturen oder Projektbörsen lassen sich Firmen häufig Angebote unterbreiten – und wählen dann trotzdem eine firmeninterne Lösung.

Agieren als Selbstständiger

Einem Selbstständigen steht eine große Bandbreite an Möglichkeiten zur Verfügung, um auf seinem Markt bekannt zu werden und sich auch als Marke zu positionieren – letztlich alles mit dem Ziel, neue Kunden zu erschließen. Da gibt es den Weg, regelmäßig größere Anzeigen zu schalten, was mit entsprechenden Kosten verbunden ist. Es empfiehlt sich deshalb, die Beratung einer Werbeagentur einzuholen, um die eigene Präsentation nach außen so zu verpacken, dass vom Firmenprospekt über die Webseite hin zu Annoncen eine professionelle Darstellung mit klarem inhaltlichen Fokus erreicht wird. Das Thema Kosten spielt auch bei Mailings eine große Rolle. Bei der heutigen Flut an Sendungen per Briefpost und E-Mails ist es nicht leicht, über ein personalisiertes Mailing überhaupt Aufmerksamkeit zu wecken und den Empfänger zum Lesen zu animieren. Im Allgemeinen werden E-Mails von unbekannten Absendern ungelesen gelöscht, ebenso landen Briefe mit werblichem Hintergrund meist umgehend im Papierkorb.

Deshalb sollten Sie gut prüfen, ob sich der Einkauf von vorselektierten Adressen und die Kosten einer Mailingaktion wirklich lohnen. Die Reaktionsraten liegen erfahrungsgemäß unter einem Prozent, also im Promillebereich. Einer Aktion muss eine pfiffige Idee zugrunde liegen, um Aufmerksamkeit und Interesse zu wecken. Menschen mit einem Patchwork-Lebenslauf haben den Vorteil, dank ihrer vielfältigen Kontakte und Erfahrungen auch die Usancen verschiedener Unternehmen oder Branchen zu kennen. Ihnen fällt es leichter, hier kreative Ideen und gute Konzepte zu entwickeln, die ihrer Vermarktung zum Durchbruch verhelfen können.

Am einfachsten ist es, durch eine Empfehlung an einen neuen Auftrag zu kommen – sei es über den zufriedenen Kunden oder den guten Kontakt. Nicht umsonst erfreuen sich Systeme des Netzwerkmarketings hoher Wachstumsraten. Deshalb sollten auch Selbstständige großen Wert darauf legen, ein berufliches Netzwerk aufzubauen, um sich und ihr spezifisches Angebot zu kommunizieren. Durch fachbezogene Artikel kann man sich als Experte profilieren und vielleicht auch in den Medien präsent sein.

Wer über ein echtes Alleinstellungsmerkmal verfügt und ein besonderes, in den Augen der Kunden geschätztes Produkt anbietet, wird seltener auf eine aktive Vermarktung angewiesen sein. Das Gros der Selbstständigen steht aber vor dem Problem, Kunden zu finden und Aufträge zu erhalten. Wie und wo Sie Ihre Aufträge generieren, welche Akquisitionsstrategie Erfolg verspricht und Ihnen vor allem auch liegt – für die Selbstständigen bleibt das meist ein Dauerthema.

5. Untermauern Sie bisher Erreichtes

Überlegen Sie, welche Aktivitäten für Sie zusätzlich von Nutzen sein könnten. Achten Sie darauf, Zeugnisse oder Referenzgeber parat zu haben, mit denen Sie Ihre Qualifikation und Stärken belegen können. Suchen Sie sich einen adäquaten Sparring Partner (Diskussionspartner), der mit Ihnen ab und zu Ihre Positionierung diskutiert, Ihre Entwicklung begleitet und Ihnen neue Aspekte vermittelt. Und überlegen Sie, inwieweit es für Sie interessant ist, in den Aufbau eines eigenen Netzwerkes zu investieren. Kontakte schaden nur dem, der sie nicht hat.

Referenzen anbieten

Wenn eine berufliche Position oder ein längeres Projekt zu Ende geht, sollten Sie sich um ein Zeugnis bemühen, das die Tätigkeit belegt und aufzählt, welche Kompetenzen Sie eingesetzt und welche Leistungen Sie erbracht haben. Wenn möglich, sollten Sie sich frühzeitig um ein Zwischenzeugnis kümmern. Natürlich kann die Bitte um ein Zwischenzeugnis zu Irritationen führen: Ist der Mitarbeiter unzufrieden, plant er einen Wechsel? Trotzdem: Patchworker wissen, dass sich berufliche Konstellationen schnell ändern können – und da hilft es, eine faire und positive Leistungsbeurteilung in der Rückhand zu haben.

Endzeugnisse dürfen nicht schlechter sein als Zwischenzeugnisse. Einen Anspruch darauf gibt es nicht, doch kann man triftige oder anzuerkennende Gründe geltend machen wie Wechsel des Vorgesetzten, Um-

strukturierung oder Fusion des Unternehmens, Änderung der Rechts-
form der Firma, Veränderung des persönlichen Aufgabenfeldes. Bei
einer langjährigen Beschäftigung macht es Sinn, auf eine Beurteilung
zu drängen. Nach zum Beispiel zwei Jahren sollte man nach einer guten
Gelegenheit oder passenden Begründung hierfür Ausschau halten.

Praxis-Tipp:

Wer ein vernünftiges Zwischenzeugnis hat, kann sich nicht nur
einfacher extern bewerben, sondern ist damit auch auf der sicheren Seite, wenn es zu Auseinandersetzungen kommt, etwa im
Falle einer Kündigung oder eines anstehenden Personalabbaus.

Seine Referenzgeber sollte man sorgfältig aussuchen und nur positive
Angaben in die Unterlagen nehmen. Das weiß natürlich auch der Leser
– dennoch sind diese Referenzen der beste Beweis für gute Arbeit und
zufriedene Kunden. Lassen Sie sich Referenzen möglichst schriftlich
geben, es reicht eine halbe Seite über Projektumfang, Aufgabenstellung, Verantwortung und Ergebnis. Da die Projektbeteiligten oft nach
einiger Zeit nicht mehr beim Unternehmen sind, sollten Sie sich am
Ende des Engagements gleich darum kümmern.

Bei Bewerbungen oder Akquisition ist es hilfreich, wenn Sie bei Bedarf
auch Referenzgeber angeben, die kontaktiert werden können. Doch
Sie sollten zuvor deren Zustimmung einholen. Referenzen sind kost-
bar, man sollte sie deshalb schonend nutzen und darauf achten, dass
sie nicht durch zu häufige Inanspruchnahme ausgereizt werden.

Sparring Partner für die berufliche Entwicklung suchen

Wenn Sie einen Patchwork-Lebenslauf eingeschlagen haben, reflek-
tieren Sie ab und zu mit einem Sparring Partner Ihre berufliche Entwicklung. Ein neutraler und professioneller Rat kann ausgesprochen
nützlich sein, wenn man sich weiterentwickeln will oder überlegt,
wann und wohin der nächste Sprung gehen soll. Einige Firmen haben
eigene Mentorenprogramme installiert mit erfahrenen Mitarbeitern,
auch über Unternehmensgrenzen hinweg. Besser ist es jedoch, wenn
der persönliche Coach nicht an den Arbeitgeber gebunden ist.

Manche Unternehmen stellen neuen Mitarbeitern einen erfahrenen Senior als Paten zur Seite, um Eingewöhnung und Einarbeitung zu erleichtern. Dieses Prinzip wird auch zwischen Generationen praktiziert: Ältere unterstützen die Jungen mit ihrem Wissen und ihren Erfahrungen, so dass der betriebsinterne Know-how-Transfer gewährleistet wird. Das kann zum Beispiel im Zuge eines Projektes geschehen. Fehlt dieses Angebot, sollten Sie sich als Neuling im Unternehmen selbst einen Paten suchen.

Ein unabhängiger Coach kann helfen, die eigene Position zu bestimmen oder in Stress- und Konfliktsituationen Lösungswege aufzuzeigen. Gerade wenn es um Weiterentwicklung und Karriere geht, dürfte ein neutraler Gesprächspartner in der Regel besser geeignet sein als etwa der Vorgesetzte. Einen Coach finden Sie über Datenbanken und Empfehlungen; meist erfolgen die Unterredungen gegen Honorar auf Stundenbasis. Er sollte über einen professionellen Hintergrund verfügen. Entscheidend sind auf jeden Fall Sympathie und Vertrauen, da man relativ schnell offen und sehr persönlich miteinander spricht. Wichtig sind Akzeptanz, Respekt und die Bereitschaft Hilfe zu suchen und Rat anzunehmen.

Praxis-Tipp:

Ob Sie angestellt oder selbstständig sind: Auf einen erfahrenen Sparring Partner sollten Sie nicht verzichten. Denn nicht immer urteilen Freunde oder Familie objektiv. Und alle Konflikte können und sollten Sie nicht mit sich selbst ausmachen.

Wenn Sie erst einmal merken, dass Sie festgefahren sind, sich im Kreise drehen oder gar in einer Abwärtsspirale befinden, haben Sie schon viel Kraft und Nerven verbraucht. Da kann es sich lohnen, frühzeitig einen fairen Gesprächspartner zu suchen, der Sie stärkt und dabei unterstützt, die richtigen Schritte für Ihre persönliche und berufliche Weiterentwicklung einzuschlagen.

Networking – Kontakte suchen und nutzen

Netzwerke sind in den letzten Jahren fast zu einer eigenen Wissenschaft geworden. Sammelte man früher noch Visitenkarten und prä-

sentierte stolz seinen Filofax, muss heute der Organizer oder Black-
berry her. In einer schnelllebigen Zeit sind viele Adressen bereits nach
einem Jahr veraltet, so dass Beziehungen wieder abbrechen. Netzwerke sind wichtig – wirklichen Nutzen bringen sie aber nur, wenn
man in sie investiert und sie pflegt. Das kostet Zeit, manchmal auch
Geld, und man sollte sein eigentliches Ziel nicht aus den Augen verlieren. Es braucht langen Atem, bis die Kontakte aufgebaut sind und
man voneinander profitieren kann.

In Wellen erscheinen immer wieder neue Netzwerkideen und Events auf
dem Markt, wie zum Beispiel Visitenkartenparties, Kontaktmessen oder
Business Clubs. Dazu kommen Freunde, Bekannte aus dem privaten
Umfeld, ehemalige Kommilitonen aus Ausbildung und Studium, Kollegen aus alten Firmen. Auch die vermehrt entstehenden Alumni-Ver-
einigungen bieten gute Anknüpfungspunkte, die Kollegen im jetzigen
Arbeitsbereich, aber auch Kontakte zu Kunden, Lieferanten und Wett-
bewerbern. Das Netzwerk erweitern kann man in Verbänden, Arbeits-
gemeinschaften, Parteien, Tagungen, Seminaren, Messen, ebenso in
den klassischen Service Clubs wie Rotary, Lions oder in Internet-Com-
munities wie OpenBc. Letztere offerieren eine Mitgliedschaft, um auch
Verbindungen zu Leuten herzustellen, die man persönlich nicht kennt,
mit denen man aber einen gemeinsamen Anknüpfungspunkt hat.

Bleibt natürlich die Frage: Wofür das alles? Die Antwort ist einfach: zur
Information, zum Austausch von Know-how oder zur Diskussion von
Branchentrends.

Praxis-Tipp:

Gerade in einer Informations- und Wissensgesellschaft ist es entscheidend, zu den Ersten zu zählen, die eine wichtige Neuigkeit,
einen Trend erfahren. Das Netzwerk hilft im eigenen Arbeitsgebiet
und erleichtert und beschleunigt Prozesse, da man um einen
Gefallen bitten oder eine unverbindliche Auskunft einholen kann.

Von Nutzen ist es auch, wenn man sich beruflich weiterentwickeln
oder umorientieren möchte. Man kann Empfehlungen einholen, Tipps
nachfragen oder den ein oder anderen in seinem Netzwerk anspre-

chen. Der Hinweis eines Insiders oder die Einführung durch einen persönlichen Kontakt öffnet Türen und ermöglicht Gespräche einer ganz anderen Qualität. Nur sollte man seine Kontakte nicht überstrapazieren und daran denken, sich auch bei Gelegenheit zu revanchieren.

Wenn Sie sich beruflich verändern möchten, verbreiten Sie dies geschickt in Ihrem Bekanntenkreis oder Netzwerk und sagen Sie klar, was Sie suchen. Damit spannen Sie für Ihr Ziel einen größeren Kreis ein, der Augen und Ohren offen hält und Ihnen Informationen über Vakanzen oder Veränderungen in Unternehmen zuspielt. Ob als Angestellter oder Selbstständiger: Lassen Sie auch andere Ihren Namen ins Gespräch bringen!

Selbstständige Einzelkämpfer benötigen ein tragfähiges Netzwerk aus Kooperationspartnern und Kollegen, die auf interessante Projekte hinweisen. Je mehr Menschen man trifft, die das eigene Angebot erwähnen können, desto größer wird die Chance, auch zu Aufträgen zu kommen. Diese Gefälligkeiten beruhen auf Gegenseitigkeit, oft durch Kooperationsverträge oder Erfolgsprovisionen unterlegt.

Aufbau und Pflege eines Netzwerkes sind zeitaufwändig. Prüfen Sie deshalb sorgfältig, wie Sie vorgehen. Immer neue Treffen, immer neue Leute, immer neue Visitenkarten – das kann auch zur unproduktiven Sucht werden. Anstatt ständig und jedem zu erzählen, wer Sie sind und was Sie machen, sollten Sie Ihre Zeit vermehrt in die eigene Marketingstrategie stecken und sich überlegen, wie Sie an Ihre potenziellen Kunden und Partner herankommen – und mit diesen dann konkrete Gespräche führen. Lieber zwei Stunden intensiv über ein Projekt mit einem potenziellen Kunden diskutieren, als in dieser Zeit dreißig Visitenkarten einsammeln!

Arbeiten Sie an Ihrem Netzwerk! Gerade in einer Patchwork-Karriere, wenn man häufig neu oder anders anfangen muss, ist es hilfreich. Bei allen beruflichen Kontakten vergessen Sie aber nicht, dass in guten wie in schwierigen Zeiten persönliche Bindungen am meisten zählen und am ehesten tragen. Für Familie und Freunde sollten Sie immer Zeit haben, denn sie sind das wichtigste Netzwerk. Und denken Sie daran: Jeder Kontakt und jedes Netzwerk lebt vom Geben und Nehmen.

Finanzielle Absicherung bei ständigen Veränderungen

9

1. Finanzplanung überdenken 130

2. Staatliche Unterstützung
   bei Arbeitslosigkeit 133

3. Absicherung und Vorsorge
   für später 134

1. Finanzplanung überdenken

Wie planen Sie nun Ihr Leben bei vielen Unsicherheitsfaktoren? Welche Auswirkungen haben mögliche Änderungen bei Steuern und Sozialsystemen auf Ihr Konsum- und Investitionsverhalten und was heißt es, wenn Sie keine langjährige durchgängige Vollbeschäftigung aufweisen? Überlegen und informieren Sie sich realistisch, wie Ihre individuelle Situation sich entwickeln wird, schon mancher ist der Renten- und der Erbschaftsillusion erlegen.

Sozialsysteme stark belastet

Die wirtschaftlichen Aussichten sind düster, die hohe Staatsverschuldung führt zu Diskussionen über Finanzierungsmöglichkeiten, das Thema Besteuerung ist aktuell: Verbrauchssteuern und indirekte Steuern, die zu erhöhten Lebenshaltungskosten führen, langfristig sind auch Änderungen bei Einkommens-, Vermögens- und Erbschaftsteuern nicht auszuschließen.

Konsum und Investitionsverhalten sind bedroht

Zukunft ist nicht mehr planbar. Das Arbeitsleben wird unruhig, der moderne Arbeitnehmer muss damit rechnen, dass seine Einkommensströme sich schnell, wenn nicht gar abrupt in Zukunft ändern. Das große Risiko ist eine längere Arbeitslosigkeit oder der Wegfall von Aufträgen für Selbstständige; wer weiß schon, ob er langfristig gefragt ist und einen sicheren Arbeitsplatz hat? Ohne Einkommen sieht es, je nach laufenden Kosten, düster aus, denn Arbeitslosengeld deckt eine Basisversorgung, reicht aber in der Regel nicht zur Aufrechterhaltung des gewohnten Lebensstandards. Außerdem kann es sein, dass aufgrund von Sperrzeiten die Auszahlung sich verzögert oder nach einem Jahr endet. Dann müssen die eigenen Vermögenswerte aufgebraucht werden.

Bei laufendem Einkommen sollte eine Reserve geschaffen werden für die „schlechten Zeiten" – das können Phasen ohne Arbeit sein (Arbeitslosigkeit, Sabbatical, Weiterbildung) oder mit geringem Einkommen (Teilzeitjob, Selbstständige mit wenigen Aufträgen). Bei hohen Steuerbelastungen ist das oft einfacher gesagt als getan. Zudem geht die Tendenz dahin, dass Arbeitnehmer in Zukunft vermehrt zur Kasse gebeten und daneben noch Ersparnisse für die Altersvorsorge gebildet werden sollten.

Stetig steigende Einkommen für Arbeitnehmer sind nicht in Sicht, um die Notwendigkeit höherer Ersparnisse zu gewährleisten. Dadurch werden die Konsummöglichkeiten begrenzt: Grundversorgung ja, Wohlstand bis Luxus ist kritisch zu prüfen. So mancher Pkw wird kleiner ausfallen oder die Urlaubsreise weniger exotisch. Investitionen, die langfristig einen hohen Finanzierungsaufwand fordern, sollten sorgfältig überlegt werden.

Wer auf Konsum und Investitionen nicht verzichten will, lebt riskant. Der Abstieg könnte radikaler werden, wenn keine Altersvorsorge getroffen wurde, der Job gekündigt wird oder das Geschäft des Selbstständigen zusammenbricht, beispielsweise wegen hoher Zahlungsausfälle.

Gut sieht es für diejenigen aus, die kurz vor dem Ruhestand stehen, oder bereits pensioniert sind. Die meisten haben gut verdient und überdurchschnittlich viel Vermögen gespart, bis zu 20 % des Nachsteuereinkommens, das sie in ihrem Rentenalter für Konsum und Aktivität einsetzen werden. Vermutlich gehört ein Großteil von ihnen zur letzten Generation, die das Glück hatte, ihr ganzes Berufsleben kontinuierlich gut zu verdienen und viel zu sparen. Solch hohe Sparquoten werden für die nachfolgenden Generationen wohl ein Traum bleiben.

Best- and Worst-Case-Scenario erarbeiten

Es ist unmöglich, für alle Eventualitäten vorzusorgen. Im Hinblick auf eine Patchwork-Karriere sollte ein Best- und ein Worst-Case-Scenario aufgestellt werden. Was gehört zur eigenen notwendigen Grundversorgung und sollte auf jeden Fall auch in finanziell schwierigen Zeiten weiterlaufen? Zu den Ausgaben, die mit einem regelmäßigen guten Einkommen finanzierbar sind, gehören auch Altersvorsorge und Rücklagenbildung. Und was ist schöner Luxus, auf den verzichtet werden kann?

Finanzielle Absicherung

Je flexibler die laufenden Ausgaben und die regulären Verpflichtungen, desto überschaubarer die Situation: Was kann zurückgefahren werden? Um sich einen Freiraum zu schaffen, sollten keine langfristig bindenden Verträge eingegangen werden. Versicherungen, die keine absolute Notwendigkeit sind, können gekündigt werden. Ebenso lang laufende Leasingverträge mit hohen Raten oder Großanschaffungen auf Ratenkauf vermeiden. Gerade Schulden können bei längerer Arbeitslosigkeit sehr schnell zu gravierenden Problemen führen. Wer groß in Immobilien investiert und hohe Fremdfinanzierungskosten durch Zins- und Tilgungsraten hat, muss sich im Worst Case mit Stundung oder dem Thema privater Insolvenz näher befassen, wenn nicht ein eigenes entsprechendes Vermögen vorhanden ist.

Wer sich in einem sehr volatilen Umfeld befindet und nicht mit regelmäßigen Aufträgen und Engagements rechnet oder rechnen kann, keinen oder noch keinen Anspruch auf Arbeitslosengeld hat, weder geerbt hat noch über ein großes eigenes Vermögen verfügt, sollte sich frühzeitig über staatliche Unterstützung informieren.

Kapitalmärkte werden in Mitleidenschaft gezogen

Die Finanzierung des Alters aus eigenen Finanzmitteln kann zu einem „Asset Melt-down" führen, das Vermögen schmilzt dahin. Diese Theorie geht davon aus, dass in etwa 25 Jahren die starke Babyboomer-Generation in Rente geht und ihre Vermögenswerte teilweise verkauft, um damit Konsum und Gesundheitskosten im Alter zu finanzieren. Dadurch wird die Nachfrage der Haushalte nach Finanzanlagen zurückgehen, auf dem Kapitalmarkt gibt es einen Verkäuferüberhang, und die Preise für Wertpapiere sinken, so beschreibt Dyrk Scherff das Szenario in „Die neue Angst vor dem Crash". Zusätzlich werden die Preise für Immobilien sinken, da die schrumpfende Bevölkerung weniger Wohnraum braucht, als Beweis wird die negative Entwicklung am japanischen Aktienmarkt gesehen. Gegentheorien setzen auf die Globalisierung der Finanzmärkte und hoffen dadurch auf einen Ausgleich, zudem seien viele Faktoren über Jahrzehnte nicht prognostizierbar.

Ein gewisser Ausgleich auf den Kapitalmärkten ist durch die Notwendigkeit der steigenden privaten Altersvorsorge zu erwarten. Mehr

Ersparnisse der Erwerbstätigen stabilisieren die Wertpapierkurse und Renditen, weniger Konsum führt zu gedämpftem Wirtschaftswachstum und niedriger Inflation. Dadurch könnten die Renditen in den nächsten 15–20 Jahren aufgrund der demographischen Entwicklung eher sinken, sie dominieren wahrscheinlich die wachsenden Haushaltsdefizite, so Scherff.

Für die heutigen jungen Erwerbstätigen ist Sparen fürs eigene Alter unumgänglich mit schwankenden Renditen und der Perspektive, dass die Elterngeneration ihr Vermögen großenteils für das eigene Alter verbraucht, bevor es zum Vererben kommt. Eine Erhöhung der Aktienrenditen erwarten die Wissenschaftler ab 2035, wenn die zu Rentnern gewordenen Kinder der Baby-Boomer ihre Ersparnisse wiederum anlegen.

Immobilien sind als Wertanlage bei den demographischen Entwicklungen mit Vorsicht zu genießen. Weniger Erwerbstätige, möglicherweise mehr Telearbeit, lassen die Nachfrage nach gewerblichen Objekten wahrscheinlich sinken. Auf dem privaten Immobiliensektor werde die Nachfrage bis 2030 noch steigen, so Scherff, da durch die Alterung der Gesellschaft die Anzahl der Haushalte steigt und sich damit die jeweilige Wohnfläche erhöht. Danach geriete auch dieser Markt unter Druck. Immobilien als Altersvorsorge werden damit nur bedingt attraktiv, eine schuldenfreie eigene Wohnung bzw. ein Haus lohnen sich lediglich dann, wenn die Mietersparnis entsprechend groß ist.

2. Staatliche Unterstützung bei Arbeitslosigkeit

Wenn Ihnen der Verlust Ihres Jobs droht oder Sie ihn bereits verloren haben, verschaffen Sie sich ein realistisches Bild über die staatliche Unterstützung und was in Verbindung damit finanziell auf Sie zukommt. Prüfen Sie genau, welche Vor- und Nachteile es für Sie bringt, wenn Sie eine Abfindung bzw. einen Aufhebungsvertrag unterschreiben, in eine Beschäftigungsgesellschaft wechseln oder direkt Arbeitslosengeld beziehen. Das verhindert böses Erwachen, und vielleicht lassen sich einige Korrekturen vornehmen.

Arbeitslosengeld wird aktuell für zwölf Monate gezahlt, wenn mindestens zwölf Monate lang eine versicherungspflichtige Beschäftigung innerhalb der letzten drei Jahre vor Beginn der Arbeitslosigkeit vorlag. Weiterführend ist zu empfehlen, sich im Bedarfsfall bei den entsprechenden Beratungsstellen zu informieren.

Wer im Rahmen eines Patchwork-Lebenslaufs erneut arbeitslos wird, sollte sich informieren, denn nicht aufgebrauchte Arbeitslosengeld-Ansprüche verfallen erst nach einem bestimmten Zeitraum. Unter bestimmten Voraussetzungen kann Kindererziehung einen Anspruch auf Arbeitslosengeld bringen.

Wenn es wegen beruflicher Veränderungen, Arbeitslosigkeit oder Selbstständigkeit „eng" werden sollte, ist es ratsam, frühzeitig seine finanziellen Entscheidungen zu überprüfen. Lassen sich Kredite für selbstgenutzte Immobilien ablösen, ist Vermögen in Altersvorsorge zu investieren oder lassen sich noch Freigrenzen ausnutzen.

3. Absicherung und Vorsorge für später

Die gesetzlichen oder privaten Krankenversicherungen decken das Risiko im Krankheitsfall ab. Angestellte haben ab einem höheren Einkommen eine Wahlmöglichkeit, Selbstständige müssen sich privat versichern. Aufgrund der Begrenzung der gesetzlichen Leistungen gibt es Möglichkeiten einer privaten Zusatzversicherung.

In Familien sollte das Risiko abgesichert sein, falls der Haupterwerbstätige ausfällt durch Unfall oder Tod. Zu den empfohlenen Versicherungen gehören Haftpflicht und Hausrat. Darüber hinaus gibt es eine Reihe weiterer Versicherungsprodukte, bei denen kritisch geprüft werden muss, was je nach individueller Situation notwendig und was eher überflüssig ist, so beispielsweise Handy-, Elektronik-, Glasbruch-, Insassenunfallversicherung.

Neutrale Experten wie Verbraucherzentralen oder Versicherungsmakler informieren und beraten, welche Risiken je nach individueller und familiärer Konstellation versichert werden sollten, und wie man sich bei Vertragsgestaltung einen hohen Freiraum bei Änderung der beruflichen Situation erhalten kann.

Die Altersvorsorge basiert auf dem so genannten Drei-Säulen-Modell. Sie ist aufgebaut auf einer gesetzlichen Rentenversicherung, die

Beiträge beinhaltet, die ein Arbeitnehmer während seiner Arbeitsphase einbezahlt hat. Dazu kommt die private Zusatzversicherung auf Basis eigener Ersparnisse, das können Lebensversicherungen, Sparguthaben, Wertpapierdepots etc. sein. Die dritte Säule stellt die betriebliche Altersvorsorge dar, die ca. ein Drittel der Firmen in Deutschland nutzen. Daneben mag es eine soziale Altersversicherung geben, Familie, Freunde, Ehrenamt, das private Netz und das Umfeld, die sich im Alter bei Bedarf engagieren.

Die fehlenden Geldreserven im staatlichen Rentensystem machen deutlich, dass jeder selbst für sein Alter vorsorgen muss. Bisweilen können im Alter die persönlichen Ausgaben zurückgeschraubt, der private Verbrauch eingeschränkt oder sonstige Ausgaben gestrichen werden, doch das eigentliche Problem ist damit nicht gelöst: Die staatlichen Einnahmen lassen sich in Zukunft für die bereits Älteren wohl nicht durch öffentliche oder private Transfers erhöhen, und es bleibt nur die Möglichkeit, länger zu arbeiten, was sich bei einem Mangel an Arbeitsplätzen und Vorbehalten gegenüber Älteren nicht einfach gestalten wird. Die realistischste Variante ist die verstärkte private Vorsorge, um im Alter sein Vermögen aufzulösen und sich damit seinen Lebensstandard finanzieren und erhalten zu können.

Professionellen Rat einholen

Gerade im Rahmen einer Patchwork-Karriere mit dem möglichen Wechsel zwischen Angestelltentätigkeit und Selbstständigkeit bietet es sich an, die betrieblich und staatlich geförderten Möglichkeiten der Altersvorsorge voll auszuschöpfen. Dabei sollte man auch berücksichtigen, dass Formen gewählt werden können (z. B. Riester-Rente), die bei finanziellen Schieflagen weitgehend geschützt sind.

Um den Lebensstandard im Alter zu halten, müssen laut Deutschem Institut für Altersvorsorge mehr als 10 % des monatlichen Bruttoeinkommens hindurch gespart werden. Dies führe zu unbequemem Konsumverzicht. Die Hoffnung auf ein lukratives Erbe ist meist trügerisch. Das eigene Vermögen ist meist ausschlaggebend für das Alter. Hilf-

Finanzielle Absicherung

reich mag das Gespräch mit einem unabhängigen professionellen Finanzplaner sein, der gegen Honorar ein maßgeschneidertes Konzept erstellt und entsprechende Produktempfehlungen gibt, soweit das mit solch einem unsicheren Planungshorizont überhaupt möglich ist.

Pioniere einer neuen Zeit

10

1. Freiheit der Entscheidung –
   oder Qual der Wahl 138

2. Psychische
   und physische Faktoren 146

3. Die Persönlichkeit siegt 150

4. Chancen für eine spannende
   Zukunft 154

1. Freiheit der Entscheidung – oder Qual der Wahl

Die Patchwork-Karriere – so haben wir gesehen – ist eine adäquate Antwort auf die ökonomischen und gesellschaftlichen Veränderungen unserer Tage. Richtig angepackt, bietet sie enorme Chancen für ein eigenverantwortlich gestaltetes, erfülltes und erfolgreiches Berufsleben. Der Patchworker kann verharren oder weiterziehen, mehr Geld oder mehr Zeit anstreben, stärker fremd- oder eigenbestimmt arbeiten, zwischen tatsächlichen und vermeintlichen Zwängen den eigenen Weg finden. Das birgt Chancen, aber auch Gefahren. Wo liegt zum Beispiel die persönliche Basis, die Konstanz im Leben, wenn die Tätigkeiten ständig wechseln? Direkt nach der Ausbildung ist ein Umzug noch kein Problem, mit den Jahren stellt sich jedoch immer drängender die Frage nach dem Lebensmittelpunkt, nach Partnern, Freunden, Wohnort und Haus. Die freie Wahl der Alternativen muss gemeistert werden. Die Gefahr ist groß, unter psychischem und physischem Druck zu leiden, die Balance von Freizeit und Arbeit zu verlieren.

Dabei kommt es in einer von Zukunftsängsten geprägten Phase des Übergangs oft zu Rückschlägen. Das ist üblich und bedauerlich, aber verständlich. Als Patchworker sollten Sie deshalb sorgfältig überlegen, was zu Ihnen und Ihrem Berufsweg passt: Was trägt zu Ihren Zielen bei, wo ist der rote Faden? Was hingegen droht aus Furcht vor Ungewissheit Sie von Ihrem Weg abzubringen? Hier ist Ihr Abwägen gefragt, nur so können Sie Entscheidungen treffen, hinter denen Sie selbst stehen.

Wurzeln schlagen oder Mobilität zeigen

Typische Begleiterscheinungen einer Patchwork-Karriere, bei der Jobs und Einsatzorte häufiger wechseln, sind lange Anfahrtswege, zwei Wohnsitze und allzu oft ein geteiltes Leben. Etwa drei Mio. Deutsche führen eine Wochenendbeziehung. Dies geht zu Lasten der Lebensqualität und des Einkommens, denn Fahrt- und Lebenshaltungskosten summieren sich, auch wenn diese teilweise steuerlich absetzbar sind. Damit einher geht eine Stresssituation, die oft verdrängt wird. Forschungsergebnisse zeigen, je weiter die Entfernung, desto frustrierender wird es für Pendler. Neben physischen Beschwerden kommen chronischer Zeitmangel und soziale Belastungen hinzu: Partnerschaftsprobleme, familiäre Spannungen, mangelnde Freundschaften und das fehlende soziale Netz sowohl am Arbeits- wie am Wohnort.

Wie lässt sich das Dilemma aus der Welt räumen? Auf der einen Seite führen die Anforderungen des Marktes zu der viel beschworenen Mobilität und Flexibilität der modernen Arbeitswelt, während auf der anderen Seite der zur Konstanz neigende Arbeitnehmer an seine psychischen Grenzen stößt. Von ihm wird erwartet, dass er sich dahin begibt, wo die Arbeit bzw. der Kunde ist.

Auch die moderne Telekommunikation kann dieses Problem nicht lösen. Zwar sind zahlreiche Tätigkeiten dank Mobiltelefon, Laptop und Internet überall ausübbar, in den meisten Fällen lässt sich damit jedoch die Notwendigkeit einer persönlichen Präsenz und eines direkten Kontaktes nicht ersetzen. Trotz komfortabler Technik für Telefon- und Videokonferenzen haben Geschäftsreisen und Meetings nicht signifikant abgenommen. Es wird noch einige Zeit dauern, bis der Geschäftsalltag wirklich die technischen Möglichkeiten nutzt und als selbstverständlich akzeptiert. Das hieße mehr Heimarbeitsplätze, weniger Pendler, mehr Selbstständigkeit – dann aber mit dem Nachteil, dass die direkten sozialen Kontakte im Umfeld weniger werden.

Der Wunsch nach einem räumlichen Bezugspunkt wird bei aller Flexibilität bleiben, wenn nicht sogar verstärkt werden. Schon heute ist Mobilität die conditio sine qua non, künftig wird sie immer stärker gefragt sein. Doch nur den Wenigsten liegt das Vagabundenleben auf Dauer – das Leben aus dem Koffer, die räumliche Teilung von Privat- und Berufsleben. Ebenso stellt sich nach diversen Umzügen und Neuanfängen im In- und Ausland trotz einer gewissen Routine in der Regel der Überdruss ein. Für ein Sechsmonatsprojekt lohnt der Umzug kaum, wenn danach vielleicht eine Dreijahresposition lockt oder ein Auftrag mit monatlich wechselndem Standort. Zum Überdruss an dem unsteten Leben gesellt sich immer drängender die Frage nach einem eigenen Mittelpunkt. Das gilt umso mehr, wenn Familie und Kinder Wurzeln schlagen wollen und allein schon die Schulsysteme eine Kontinuität fordern. Die Alternativen erscheinen plötzlich wenig verlockend: Hausverkauf, Kinder umschulen, Freundeskreis verlassen versus geteiltes Leben und Fahrzeit – diese Entscheidung gilt es zu treffen.

Dem Patchworker droht also die Gefahr des Identitätsverlustes, der Heimatlosigkeit. Kein Unternehmen oder Personalberater wird ihn je davor warnen, auch Freunde und Bekannte sehen nur die attraktive Herausforderung. Der moderne Nomade ist bei diesem Problem auf sich selbst gestellt. Er wird der Einsamkeit vorbeugen müssen, indem er persönliche Netzwerke aufbaut und sich Gewohnheiten aneignet, die auch bei wechselnden Standorten Anknüpfungspunkte bieten. Hier kommen Sport, Kultur, Vereine oder weit gefächerte Interessen zum Tragen, die überall eine Brücke ermöglichen. Jeder Patchworker verfügt auch über sein persönliches Kommunikationsnetz via Internet, das er überallhin mitnimmt.

Der Aufbau eines neuen sozialen Umfelds erfordert Energie. Die Chancen liegen in der Erweiterung des Gesichtskreises, zum Beispiel was Sprache, Lebensgewohnheiten oder Kultur betreffen. Jeder neue Ort bietet die Gelegenheit, das Netzwerk zu erweitern, einen Bekanntenkreis zu finden, sich beruflich und persönlich weiterzuentwickeln. Doch bei jedem Umzug und Abschied verliert man Freunde, trotz aller guten Vorsätze gehen mit der Distanz viele Kontakte verloren. Persönliche Beziehungen sind wichtig, und man muss sie sorgfältig pflegen. Natürlich ist es auch Mentalitätssache, ob man namentlich in der Eckkneipe oder beim Bäcker angesprochen werden möchte. In der modernen Gesellschaft werden diese vermeintlich kleinen Ankerpunkte verdrängt, dabei sind sie für einen Großteil der Menschen essentiell. Gerade in einer schnelllebigen Zeit, in der viele Beziehungen privater oder beruflicher Art nicht mehr Auge in Auge erfolgen, sondern über die neuen Medien ablaufen, zeigt sich eine Sehnsucht nach Zugehörigkeit und persönlicher Nähe.

Praxis-Tipp:

Als Patchworker sollten Sie sich die Gefahr der Entfremdung und Entwurzelung durch Mobilität vor Augen halten und sich aktiv um ein Bezugsfeld kümmern, das Sie bewusst aufbauen, erhalten und pflegen.

Geld oder Zeit

Es klingt paradox: Arbeitnehmer klagen zunehmend über Zeitprobleme, obwohl im 20. Jahrhundert permanent die Arbeitszeit reduziert wurde. Im Jahr 1900 gab es noch keinen Urlaub, der Zehn-Stunden-Tag wurde als sozialer Fortschritt gefeiert. Aufgrund kontinuierlicher Effizienzsteigerungen und Arbeitszeitverkürzungen kam es in Deutschland bis Ende des 20. Jahrhunderts in den meisten Branchen zur 35-Stunden-Woche und einer durchschnittlichen Urlaubsdauer von dreißig Tagen. Doch die individuell wahrgenommene Freizeit sinkt permanent. Aufgrund des Wandels zur Dienstleistungsgesellschaft wird in vielen Bereichen eine hohe zeitliche Präsenz gefordert. Länger arbeiten bei gleichem Lohn ist der Trend, da Überstunden immer seltener bezahlt werden und die reale Wochenarbeitszeit in der EU bei über 40 Stunden liegt – ein Arbeitseinsatz, der für Hochqualifizierte meist selbstverständlich ist.

Arbeitnehmer beklagen Zeitnot und den damit verbundenen Leistungsdruck, resultierend aus engen Fristen und Vorgabezeiten, hohem Arbeitspensum, Erhöhung des Arbeitstempos. Darunter leiden Wohlbefinden und Arbeitsqualität: 59 % der Deutschen befürchten negative Auswirkungen auf ihre Gesundheit, und 44 % meinen ihre Arbeit nicht mehr adäquat ausführen zu können, so Horst Opaschowski über die Ergebnisse der Befragung zum „Zeitwohlstand" 2004 des B.A.T. Freizeit-Forschungsinstituts Hamburg in seinem gleichnamigen Buch. Der Druck wird sich weiter erhöhen, und wer einen Job hat, muss sich einsetzen, auch zu Lasten des Privatlebens. Fast jeder zweite Beschäftigte gibt an, er verfüge über nicht einmal drei Stunden freie Zeit pro Tag. Damit nicht genug: Aus Angst, ihren Arbeitsplatz zu verlieren, lassen immer mehr Arbeitnehmer in Deutschland ihre Urlaubstage verfallen.

Die zeitliche Beanspruchung ist bei Selbstständigen und Freiberuflern noch höher. Weniger Urlaub, mehr Arbeitszeit, häufig 70-Stunden Woche: Die Freiheit hat ihren Preis. Nur auf den ersten Blick scheinen die Selbstständigen Herr ihrer Zeit zu sein, meist müssen sie sich noch flexibler nach den Auftraggebern richten und können weniger zwischen Arbeits- und Freizeit unterscheiden.

Die Gefahr für den Patchworker liegt darin, dass seine Zeit- und Energieressourcen immer häufiger in die Arbeit fließen, so dass ihm kaum noch freie Zeit übrig bleibt. Im Extremfall wird die Arbeit zur Sucht, der Patchworker wird zum Workaholic. Die Lebensqualität, die ihm dadurch mittel- und langfristig entgeht, kann mit Geld nicht aufgewogen werden.

Feste Bindung oder Freiheit in Unsicherheit

Bei vermehrtem Personalabbau konzentrieren sich Unternehmen nicht nur auf ihr Kerngeschäft, sondern auch auf eine Kernbelegschaft. Zu den fest angestellten Mitarbeitern gehören die so genannten High Potentials, Leistungs- und Wissensträger, die das Unternehmen eng an sich binden will, die es aktiv umwirbt und motiviert, dafür als Gegenleistung volles Engagement und beste Performance fordert. Neben Arbeitsvertrag und Gehalt werden attraktive Beteiligungsmodelle oder variable Gehaltselemente angeboten, die es für Leistungsträger attraktiv machen, länger beim Unternehmen zu bleiben, da die Auszahlung nur einmal im Jahr erfolgt oder erst nach einer bestimmten Laufzeit zur Wirkung kommt.

Wenn Sie zu diesen High Potentials zählen, werden Sie als Patchworker dennoch darauf achten, wenn möglich sogar vom Unternehmen einfordern, dass Sie sich weiterbilden und Ihre Kenntnisse und Fähigkeiten entwickeln. So bewahren Sie die notwendige Employability, falls das Unternehmen sich von Ihnen trennen will – oder umgekehrt. Denn auch der beste Job ist keine Garantie für die Zukunft. Weder bedeutet die Zugehörigkeit zum Betrieb eine Sicherheit auf Beförderung, noch lässt sich absehen, ob die gegenwärtige Position für die nächsten Jahre wirklich erhalten bleibt.

Wenn Sie sich nach der Umstrukturierung Ihrer bisherigen Firma in der Randbelegschaft wiederfinden, ist das die klassische Ausgangslage für eine Patchwork-Karriere. Von nun an müssen Sie Ihren Berufsweg in die eigene Hand nehmen. Wechselnder Status, unterschiedliche Teams, neue Aufgaben werden jetzt Ihren Alltag bestimmen – und vor allem auch die Notwendigkeit, sich zu positionieren und selbst zu vermarkten. Ob Sie dann gleich vom Angestelltenverhältnis zur Selbstständigkeit wechseln, hängt von der konkreten Situation und natürlich von den Marktchancen ab. Unter dem Dach des Unternehmens werden Freiraum und Verantwortung Grenzen haben, je nach Stil des Hauses werden Sie über mehr oder weniger große Spielräume verfügen. Bleiben Sie angestellt, kommen Sie um Abstimmung, Berichtslinie und das Liefern von Ergebnissen nicht herum. Sie haben vertragsmäßige Rechte und Pflichten, was üblicherweise ein regelmäßiges Einkommen und Sozialdienstleistungen einschließt. Als Selbstständiger tragen Sie dagegen die volle Verantwortung, sind Herr Ihrer Entscheidungen, müssen dafür auf das gesicherte Einkommen verzichten und sich persönlich um Aufträge und Zahlungseingänge kümmern.

Lust und Last der Freiheit

Wechselt man, wie das ein Patchwork-Berufsleben mit sich bringt, zwischen verschiedenen Firmen, Branchen und Orten, werden Netzwerke unumgänglich. Was in festen Hierarchien und Organisationen die Abteilung und der Kollegenkreis waren, verliert sich in fremden projektbezogenen Teams. Deshalb gilt es, Kontakte aufzubauen und zu pflegen zwischen Betrieben, über Branchen hinweg, außerhalb der etablierten Organisationsstrukturen. Dazu zählen ehemalige Kollegen, derzeitige Teammitglieder, Kontakte zu Berufsverbänden, Messen und Branchentreffen, aber auch Mitgliedschaften in Branchenforen, z. B. im Internet. Wenn die firmeninterne Loyalität nicht mehr vorhanden ist und kollegial unterstützt, müssen neue Formen gefunden werden.

Als Patchworker sind Sie darauf angewiesen, sich ständig über Neuigkeiten, Strömungen oder berufliche Aspekte auszutauschen. Hierzu benötigen Sie ein Netzwerk, das hilft, informiert, aber auch einspringt mit Dienstleistungen, Hinweisen auf mögliche Aufträge oder gemeinsame Projekte. Gezieltes Engagement in und für Netzwerke bringt nicht nur professionelle Unterstützung, sondern vermittelt auch ein gewisses Zugehörigkeitsgefühl, das sich außerhalb fester Unternehmensstrukturen kaum erreichen lässt.

Sowohl in Unternehmen als auch in der Selbstständigkeit sind Teamplayer und Netzwerker gefragt. Der Aufbau und die Pflege eines

Beziehungsgeflechts erfordern persönlichen Einsatz, der Zeit und Geld kostet und das Einbringen von Know-how verlangt. Ohne ein Netzwerk im Hintergrund wird es für einen Patchworker kaum möglich sein, sich als Einzelkämpfer zu positionieren und erfolgreich zu sein.

Vielen erscheint es eher als Last, im Unternehmen Umgang zu pflegen mit Kollegen, die man sich nicht immer aussuchen kann. Das entfällt für den Selbstständigen. Er muss sich seine Kooperationspartner erst suchen, erlebt häufig wechselnde Ansprechpartner oder Teams, die nach dem Auftrag oder Projekt wieder eigene Wege gehen.

Vom Patchworker wird in der Regel eine hohe geographische Flexibilität erwartet, andererseits hat er aber auch die Möglichkeit, seinen persönlichen Standort selbst auszusuchen: in der Großstadt, auf dem Land, auf der Insel oder ständig wechselnd. Damit bietet sich die Chance für eine hohe Lebensqualität. Weil die Kunden ihren Sitz an unterschiedlichen Orten haben, und weil die Projekte wechseln, ist hier die private Priorisierung durchaus sinnvoll. Der Kunde benötigt das Produkt, zum Beispiel ein IT- Programm – wann und wo es erstellt wurde, ist ihm egal. In der Regel genügt es, wenn sich Auftragnehmer und Auftraggeber ab und zu persönlich treffen. Die Gewohnheiten haben sich hier in den letzten Jahren deutlich geändert. In Zeiten der Kosteneinsparungen ist es möglich, Geschäftsreisen einzuschränken und vermehrt zum Telefonhörer zu greifen. Der Austausch von Dokumenten innerhalb von Minuten über das Internet kann zahlreiche Abstimmungsgespräche ersparen. Die so genannte face to face Kommunikation, die beschworen wurde als Basis für Vertrauen und Nähe, war zum großen Teil durch Tradition, Gewohnheit, Akzeptanz und persönliche Erfahrung bestimmt. Heute zeigen einzelne Bereiche, wie sich Märkte verändern oder neue Gewohnheiten Einzug halten, eben ohne den persönlichen direkten Kontakt. Gleichzeitig verdeutlichen aber auch zahlreiche Beispiele, dass keine völlige Substitution stattfindet. So konnte zum Beispiel das Internet die Buchhandlungen nicht verdrängen – sinnliche Einkaufs- und Orientierungserlebnisse haben eben auch ihren Wert und damit ihre Existenzberechtigung. Ebenso ist die menschliche Nähe und direkte persönliche Kommunikation nicht ganz zu ersetzen und wird auch in Zukunft ihre Relevanz behalten.

Die neuen Medien machen es möglich, von verschiedenen Standorten aus auf das Internet oder einen Firmenserver zurückzugreifen. Das ermöglicht ein ubiquitous working, eine Entlokalisierung des Arbeitsplatzes, wie es TNS Infratest 2004 in seiner Studie „Horizons 2020" nennt. Gearbeitet werden kann in der Firma, zu Hause, im Auto, im Flugzeug oder am sonnigen Strand im Süden.

Wenn Unternehmen weiter im Rahmen des Outsourcings Bereiche auslagern, bleiben immer weniger Funktionen als Kerngeschäft übrig. Von der Produktion bis hin zu den Dienstleistungen kann alles extern bezogen werden. Übrig bleibt dann im Extremfall nur ein kleiner Führungskern, der Rest besteht aus einem virtuellen Unternehmensgeflecht.

Andere Arbeitsformen entstehen: Projektweise werden neue Teams zusammengesetzt, die über Internet oder Telefon miteinander kommunizieren, arbeiten und Ergebnisse austauschen. Wenn überhaupt, sehen sie sich nur ab und zu persönlich, ansonsten via Webcam. Nach dem Einsatz oder Projektabschluss löst sich das Team wieder auf. Solche virtuellen Teams entstehen in global agierenden Firmen, aber auch in kleinen Netzwerken von Selbstständigen immer häufiger. Spezialisten werden für den Job zusammengestellt, eine Bindung erfolgt im Rahmen des Teams, und dann gehen alle wieder auseinander. Patchworker kommen mit dieser Realität schnell in Berührung: dem Wechsel von virtuellen und festen Arbeitsbeziehungen, der räumlichen Freiheit, aber auch dem Mangel an festen Strukturen und Bindungen.

Ob als Einzelkämpfer in einem Unternehmen oder als Selbstständiger in einem virtuellen Team, in der Welt der kurzfristig festen oder flexiblen Arbeitsbeziehungen droht immer auch die Gefahr der Vereinsamung. Wenn es um das individuelle Überleben geht, bleibt das Engagement für eine Gemeinschaft allzu leicht auf der Strecke. Auch hier zeigt sich wieder: Auf Netzwerke und tragfähige Beziehungsgeflechte kann der Patchworker nicht verzichten. Er benötigt sie sowohl in konkreten Projekten als auch in den verschiedenen Phasen seiner beruflichen Entwicklung.

Die Betonung von Flexibilität und Freiheit fordert vom Individuum einen hohen Preis. Früher konnte man sich an gesellschaftlichen Normen ausrichten: Geburtsort, Schule, Ausbildung und Berufstätigkeit, Verwurzelung an einem Ort mit Hochzeit, Familiengründung, kaum Wechsel, gesellschaftlich anerkannt und akzeptiert. Mittlerweile stehen mehr Möglichkeiten offen, was die geographische Komponente, aber auch die berufliche Laufbahn angeht. Anstelle der klassisch vorgegebenen Wege bieten sich vielfältige Alternativen, die mehr Freiheit bedeuten, aber auch bewusste Entscheidungen für oder gegen bestimmte Optionen erfordern – mit allen Konsequenzen wie Fernbeziehung mit dem Partner oder Verlust des lokalen Freundeskreises.

Um hier richtig zu entscheiden, benötigt der Patchworker ein eigenes Ziel- und Wertesystem. Denn nur dann kann er die Chancen klar herausarbeiten und Perspektiven entwickeln, die zur Grundlage einer bewussten Entscheidung führen. Mit der Vielfalt der Optionen, dem größeren Freiheitsgrad steigt auch die Verantwortung, die er für sich selbst übernehmen muss. Klassische Entscheidungsmuster fallen weg, die typischen Ratgeber haben keine Patentrezepte – der Patchworker muss die Konsequenzen tragen.

2. Psychische und physische Faktoren

Die Veränderungen in der Arbeitswelt, Beschleunigung und Leistungsdruck führen zu Belastungen, die sich auf Körper und Seele niederschlagen. Die am Arbeitsmarkt geforderte Flexibilität hat ihren Preis; was anfangs motivierend und stimulierend wirkt, wird für viele Menschen eines Tages zum Stress, mit dem sie nicht mehr fertig werden. Dem erfolgreichen Patchworker gelingt es, das eigene Wohlbefinden nicht aus den Augen zu verlieren und zu einer Balance aus Engagement und Freude zu kommen. Denn gerade diese Faktoren sollten im Arbeitsleben nicht verloren gehen.

Gesund oder krank durch den Job

Wer permanent erreichbar ist, findet nur schwer Entspannung für Körper und Seele. Die Stressfaktoren schlagen sich nieder und kumulieren im Laufe der Zeit. Zum Arbeits-, Privat- und Freizeitstress kommen die existentiellen Belastungen hinzu: Unsicherheit des Arbeitsplatzes,

Suche nach einem Anschlussprojekt, lange Phasen ohne Einkommen. Nicht jeder ist von Natur aus ein Optimist und kann diese Gedanken wegschieben.

Heute hat mehr als die Hälfte der Beschäftigten regelmäßig psycho-mentale, drei Viertel körperliche Beschwerden aufgrund des beruflichen Drucks. Die zukünftigen Entwicklungen werden diese Tendenz verstärken, auch wenn sich die Betroffenen eine Krankheit immer seltener „erlauben können".

Um dem zunehmenden Stress vorzubeugen, gibt es verschiedene Möglichkeiten. Zunächst müssen Sie die Initiative im beruflichen Umfeld ergreifen, Prioritäten setzen, sich neu organisieren und in Gesprächen mit Vorgesetzten und Kollegen feststellen, ob sich die Anforderungen – etwa durch andere Arbeitsrhythmen oder längere Deadlines – reduzieren lassen. Bevor Sie einen anderen Job suchen, sollten Sie erst einmal die Ursachen für den Stress benennen und versuchen, ihn abzubauen. Körperliche Aktivität, aber auch Entspannungstechniken können den Druck mildern. Seminare und Bücher lehren Stressbewältigung, die Wellness-Bewegung geht in Richtung Stressabbau, Wohlfühlen und Regeneration.

Die Eigenverantwortung beim Planen der Patchwork-Karriere beinhaltet auch die Aufrechterhaltung der eigenen Arbeitskraft: Gesundheit, Ernährung, Sport gehören dazu, aber auch Attraktivität und Aussehen. Der häufige Wechsel von Arbeits- und Privatmodus, die permanente Verfügbarkeit und Aufmerksamkeit bringen starke Belastungen mit sich; Schnelligkeit und Vielzahl von Informationen, Entscheidungen und Ergebnissen führen zu erhöhtem Leistungsdruck. Die eigene Arbeit steht immer wieder auf dem Prüfstand, bei wechselnden Projekten oder kurzfristiger Kündbarkeit heißt das, stets das Beste geben und über schier unerschöpfliche Ressourcen verfügen zu müssen.

Freude oder Frust durch Arbeit

Kollegialität, Teamgeist, Partnerschaft, Fairness im Berufsleben, nette Kollegen, mit denen man gut zusammenarbeiten kann – das sind die Faktoren, die sich Berufstätige wünschen. Arbeit soll zudem Abwechslung und Erfolgserlebnisse bringen. Allzu oft bleibt dieses Bild einer heilen Arbeitswelt ein Wunsch. Führungskräfte vergeuden mehr als die Hälfte ihrer Energie, um die persönliche Position abzusichern. Konkurrenten versucht man zu mobben, niederzumachen, auszutricksen oder wegzuloben.

Nach den empirisch gestützten Zahlen der Fairness Stiftung in Frankfurt am Main sind jährlich etwa 1,5 Mio. Menschen in Unternehmen von unfairen Attacken wie beispielsweise Mobbing betroffen. Das Resultat ist ein raues Klima im Unternehmen, das bei den betroffenen Mitarbeitern Depressionen, Kopf- und Rückenschmerzen, Konzentrationsmangel, Schlafstörungen, Versagensangst und Symptome wie Herzrhythmusstörungen, Bluthochdruck, Tinnitus und Magen-Darm-Beschwerden hervorruft. Schikane ist nicht strafbar, aber es kann Anzeige wegen Beleidigung, übler Nachrede oder Körperverletzung erstattet werden. Vor allem ist es wichtig, den Belästigungen Einhalt zu gebieten, sich von dem Druck zu befreien. Doch das ist oft nur mit professioneller Hilfe möglich.

Finden Sie Ihre Work-Life Balance

Arbeit und Freizeit lassen sich beim Patchworker nicht mehr eindeutig unterscheiden und trennen. Moderne Kommunikationsmittel und permanente Erreichbarkeit engen hier die Grenzen ein. Die Folge ist eine Deregulierung des Alltags, Arbeit kann überall und zu jeder Zeit stattfinden. Ein Business Lunch, eine Netzwerk-Veranstaltung oder ein Vortrag haben in der Regel sowohl geschäftliche als auch private Aspekte, die Grauzonen dehnen sich aus. Damit wird die Eigenzeit reduziert. Wichtig ist es aber, sich Phasen der so genannten Zeitfreiheit zu erhalten, in der „nichts" geschieht, wenn der Einzelne es nicht selbst bestimmt, so Peter Wippermann in seinem Artikel über „Eigenzeit" in „Trend 2004", herausgegeben vom Trendbüro Hamburg.

Der psychische Druck im beruflichen Umfeld ist enorm. Zwischen 1997 und 2003 ist er um 50 % gestiegen, allein durch depressive Erkrankungen fielen im Jahr 2003 18 Mio. Arbeitstage aus. Die Belastung wird nicht sinken. Aufgrund von Umstrukturierungen und Entlassungen fällt vielerorts die gleiche Arbeitsmenge weniger Menschen zu, die sich in mehr und immer schneller verändernde Inhalte einarbeiten müssen. Hinzu kommt ein steigender Termindruck, da neue Medien und Infrastruktur Arbeitsabläufe beschleunigen und Reaktionszeiten von Wochen auf Tage, wenn nicht sogar auf Stunden oder weniger reduziert haben. Daneben steht die Kommunikationsflut etwa durch E-Mails, die eine Erreichbarkeit rund um die Uhr ermöglichen. Dieser Termin- und Leistungsdruck betrifft bei knapp budgetierten Aufgaben Festangestellte wie auch Freiberufler.

Der zunehmende berufliche Druck äußert sich in dem Phänomen einer Freizeitkrankheit. Viele Menschen fühlen sich regelmäßig krank, wenn das Wochenende oder die Ferien einsetzen. Sie klagen über Schwierigkeiten beim Übergang von Arbeit zu Freizeit. Der Körper tut sich schwer, die Gegensätze von arbeitsintensiven Zeiten, wenig Schlaf, kaum Bewegung, viel Kaffee und Alkohol versus Freizeit mit viel Schlaf, Nichtstun, wenig Genussmitteln zu verkraften. Eine Entspannung findet nicht statt, vielmehr treten als Folge des Ungleichgewichts Krankheitssymptome auf.

Parallel dazu haben sich die Firmenkulturen verändert. Der persönliche Umgang tritt in den Hintergrund, anstelle von Emotionen gelten nur noch Zahlen, Zeiten und Fakten. Die Quantifizierung und Versachlichung einer von Technologie dominierten Arbeitswelt macht Menschen und Beziehungen vermeintlich austauschbar. Die Mitarbeiter fühlen sich nicht mehr beachtet und für ihre Leistung gelobt und adäquat belohnt. Die physischen und psychischen Auswirkungen im Arbeitsumfeld wie auch die erschreckenden Zahlen der inneren Kündigung vieler Beschäftigter sprechen eine deutliche Sprache.

Die Fülle der äußeren und inneren Faktoren stellt eine immer stärkere Belastung dar: „overstressed, overinformed and overstuffed". Anfangs ist es Begeisterung und Engagement – dann wird es Routine, überdurchschnittlich viel zu arbeiten und auch am Wochenende nicht vom Schreibtisch zu lassen. Das kann in Richtung Workaholic gehen. Es ist nicht einfach, seine Einstellung zu ändern, da eine völlige Verneinung langfristig nicht möglich ist. Bei hoher Arbeitsbelastung laufen viele Beschäftigte aufgrund von Eustress erst zu ihrer Bestform auf, doch auf Dauer führt die permanente Überspannung zu ungesundem Stress, und es kann zum Burn-Out kommen. Wenn sich neben der psychischen Erschöpfung auch körperliche Beschwerden melden, dann gilt es, frühzeitig auf diese Symptome zu achten, sich zu informieren und Rat einzuholen, bevor es zu einem Zusammenbruch kommt.

Für den Patchworker ist es extrem wichtig, in seinem arbeitsintensiven Umfeld eine zufriedenstellende Kombination zu finden: Der Beruf erfordert Höchstleistungen, der Freizeitbereich mit Familie, Freunden und Hobbies stellt Anforderungen. Dazu kommt die eigene Hoffnung, mehr vom Leben zu haben und bewusst aus allem das Optimum herauszuholen. Der Wunsch besteht, intensiv die Zeit zu nutzen – mit und ohne Arbeit. Bei all dem gilt es, immer wieder seine Mitte zu finden und eine passende Work-Life-Balance zu erreichen.

3. Die Persönlichkeit siegt

Berufliche Zukunft ist immer weniger planbar. Werde ich noch gebraucht? Diese Frage begleitet den Patchworker, sie fordert von ihm persönliche Stärke und permanente Selbstmotivation. Doch damit nicht genug: Auch nach außen hin, gegenüber Unternehmen und Umwelt, wird er als Pionier einer neuen Arbeitswelt immer wieder Überzeugungsarbeit leisten müssen.

Persönliche Stärke bei Unsicherheit

Als moderner Tagelöhner führt der Patchworker ein Arbeitsleben auf Abruf. Das erfordert Flexibilität – also die Fähigkeit nachzugeben, sich ändernden Umständen anzupassen, aber auch daran nicht zu zerbrechen; denn Flexibilität enthält immer den Aspekt, dehnbar und fest zugleich zu sein. Vor allem aber ist eine innere Stärke erforderlich. Bei so vielen Fragezeichen von außen muss die Sicherheit von innen kommen – verbunden mit genügend Selbstbewusstsein. Egal, was und wie sich alles verändert, meine eigenen Fähigkeiten lassen mich den Überlebenskampf gewinnen, selbst wenn der Arbeitsmarkt und die sozialen Sicherungssysteme größere Schwankungen nicht mehr auffangen oder für mich sorgen. Das geht in die amerikanische Richtung: unbegrenzte Möglichkeiten, aber auch beinharter Überlebenskampf. Neu anfangen, egal wie alt man ist, welche Bildung man besitzt oder welche Position und welches Einkommen man erstrebt.

In der Realität werden oftmals parallel drei Berufe ausgeübt, um die Existenz zu sichern: Die inhaltlich überzeugende Tätigkeit, daneben eine kostendeckende Aktivität, und schließlich der Job zum finanziellen Überleben. Es mag die Chance zur Selbstverwirklichung, aber auch eine Überforderung für das Individuum bedeuten. Die typische Mehrfachbelastung führt oft dazu, keinem der verschiedenen Jobs gerecht zu werden, da an allen Ecken Termindruck herrscht und voller Einsatz gefordert wird.

Selbstmotivation und lebenslanges Lernen

Der innere Kompass muss immer wieder ausgerichtet werden: Was will ich, wohin geht mein Weg, wo liegt meine eigene Vision? Die Überlegungen umfassen die beruflichen Schritte, persönlichen Beziehungen, den gesellschaftlichen Beitrag, finanzielle Aspekte, gesundheitliches Wohlbefinden und Sinnfragen. Diese Ziele kombiniert mit Werten ergeben einen Entscheidungskorridor, um sich über die Chancen, aber auch die damit verbundenen Risiken einer Weichenstellung klar zu werden.

Der aktuelle Trend der Beschäftigten geht zur Anpassungsfähigkeit: Unter wessen Flagge man segelt, mit dessen derzeitiger Philosophie identifiziert man sich. Die Integration in eine neue Firmenkultur wird vereinfacht, da die Kulturen verschiedener Unternehmen einander immer ähnlicher werden. Durch das Personalkarussel gibt es kaum noch Urgesteine in der Belegschaft, was dem Externen den Einstieg erleichtert. Für den einzelnen Arbeitnehmer ergibt sich damit eine Loyalität gegenüber dem derzeitigen Arbeitgeber, aber auch eine gewisse kritische Grundhaltung. Wenn „hire and fire" die Ersetzbarkeit und Austauschbarkeit des Menschen in der Wirtschaft prägen, wird das eigene Herzblut irgendwann abkühlen. Das zeigen auch die Untersuchungen über die emotionale Gebundenheit am Arbeitsplatz „Engagement Index 2004" des Marktforschungsinstituts Gallup, Berlin. 87 % der Arbeitnehmer verspüren keine echte Verpflichtung mehr gegenüber ihrer Arbeit, 69 % machen Dienst nach Vorschrift, und

18 % haben die innere Kündigung bereits vollzogen. Der gesamtwirtschaftliche Schaden wird in der Gallup-Studie mit jährlich etwa 245 Mrd. EUR in Deutschland beziffert. Arbeit besitzt einen hohen Stellenwert im Leben dieser Beschäftigten, doch Anerkennung und Lob würden selten ausgesprochen, dadurch fehle es massiv an Motivation. Bisher vernachlässigen es Unternehmen, sich um den Teil des Mitarbeiterstamms zu kümmern, der Personalabbau und Entlassungsrunden überlebt hat. Denn gerade die verbleibenden Mitarbeiter machen sich ihre eigenen Gedanken, wenn Kollegen gefeuert wurden, es keine faire Trennungskultur gibt und sie selbst im Unklaren über die Zukunft gelassen werden. Denn zumeist kommen verstärkte Belastungen auf die verkleinerte Mannschaft als Leistungsträger bei zugleich steigenden Produktivitätserwartungen zu.

So bleibt es dem Einzelnen überlassen, sich zu motivieren, seine eigenen Wünsche zu verfolgen und diese für sich im Berufsleben umzusetzen. Der Patchworker macht hier aus der Not eine Tugend. Anstatt in die innere Kündigung zu gehen und sich damit selbst auf das Abstellgleis zu manövrieren, zeigt er Stärke, setzt selbstbewusst auf seine Kompetenzen und fordert aktiv Feed-back und Anerkennung im Arbeitsumfeld ein. Kann er damit keinen Erfolg verbinden, wird er sich einen neuen Wirkungskreis suchen.

Wenn klar ist, dass der Faktor Sicherheit schwindet, und wenn klar ist, dass nicht mehr persönliches Engagement und Können den Ausschlag für das berufliche Überleben und persönliche Umfeld geben – dann ist der Zeitpunkt für ein grundsätzliches Brainstorming gekommen. Liegt die Quelle meines Wohlbefindens nur in Äußerlichkeiten? Vielleicht ist die Zeit reif, um sich auf geistige Ziele, auf Spiritualität und die Frage nach den Dingen hinter den Dingen zu besinnen.

Als Patchworker können Sie nicht erwarten, dass der Anschub von außen kommt. Sie müssen Ihr Leben selbst in die Hand nehmen. Gerade im beruflichen Bereich gilt es dann, als Stehaufmännchen trotz Absagen und Misserfolgen sich wieder selbst zu motivieren. Ordnen Sie Ihren Lebenslauf als Patchwork-Kunstwerk – und legen Sie nach einem Misserfolg mit neuem Schwung los.

Überzeugen Sie Ihre Arbeitgeber und Ihr Umfeld

Eine noch so schöne Patchwork-Karriere nutzt Ihnen nichts, wenn sie nicht akzeptiert wird. Wie wir gesehen haben, arbeitet die Zeit für Sie: Der Trend geht dahin, dass die Arbeitsformen durchlässiger werden und Gesellschaft, Wirtschaft und Institutionen neue Karrierewege und spannende Lebensläufe nicht nur befürworten, sondern sogar fördern. Dennoch müssen Sie als Patchworker unternehmerisch agieren, vor allem Ihre eigene Person vermarkten. Dazu gehört auch die konstruktive Gestaltung und Nutzung von Phasen, in denen Ihre Arbeitskraft am Markt nicht gefragt ist. Dabei ist es eine Kunst, sowohl das finanzielle Überleben zu sichern, die eigene Motivation aufrechtzuerhalten und den roten Faden zu spinnen, der es erlaubt, mit solch einer Vitae Unternehmen und Kunden zu überzeugen. Denn nicht jeder Personalentscheider oder Geschäftsmann erkennt die Bereicherung und Chance, die in einem solchen Kunstwerk des hart erkämpften mosaikförmigen Lebenswegs liegt.

Notwendig ist aber auch, dass auf der Seite der Unternehmen die Personalfachleute und Entscheidungsträger nicht nur theoretisch vom Patchwork-Lebenslauf sprechen, sondern auch aktiv die Entwicklungen fördern und bei Einstellungs- und Auftragsentscheidungen diesen Karrierewegen eine gleiche Chance geben.

Diskriminierung ist auch im Berufsleben unter Strafe gestellt, aufgrund von Alter, Religion, Herkunft und Geschlecht darf im Arbeitsleben niemand benachteiligt werden. Anstatt darin ein Hemmnis zu sehen, sollte ein Unternehmen „Diversity" als Chance begreifen. Diversity-Management heißt, die positiven Einflüsse der Verschiedenartigkeit erkennen und ins Arbeitsleben einfließen zu lassen. Dahinter steht die Idee, die Stärken der verschiedenen spezifischen Merkmale so zu verbinden, dass verbesserte Produktivität und Synergien entstehen. Ein Personalmanagement, das so denkt, sieht auch eine Patchwork-Karriere mit ihren unterschiedlich zusammengesetzten Stationen und Berufserfahrungen als Bereicherung des Unternehmens. Anstatt Misstrauen zu zeigen, wird die Möglichkeit für neue Impulse und kreative Lösungen erkannt.

Es wäre wünschenswert, wenn sich diese Offenheit in der Arbeitswelt durchsetzte. Die Basis des Berufstätigen sollte eine solide Ausbildung und immer wieder aktualisiertes Wissen kombiniert mit relevanten Erfahrungen sein. Dann muss es aber auch attraktive Möglichkeiten geben, hieraus interessante Patchwork-Karrieren zu gestalten. Gefordert sind hier nicht nur die Personalmanager und Entscheider in den Unternehmen. Auch die Arbeitsvermittler und weitere staatliche Institutionen könnten die Akzeptanz der Patchwork-Karrieren konstruktiv unterstützen und Rahmenbedingungen schaffen, damit die Flexibilisierung der Arbeitswelt nicht nur ein wissenschaftlich-theoretisch bevorzugtes Modell bleibt. Es geht darum, eine realistische Perspektive zu schaffen: Die Patchwork-Karriere sollte nicht mehr länger ein Ausweg, sondern ein akzeptierter Weg in eine viel versprechende berufliche Zukunft sein.

Menschen mit einem spannenden Patchwork-Lebenslauf können auch heute auf alte Strukturen prallen und an den Realitäten der Unternehmen scheitern. Noch finden sie zu wenig Entgegenkommen und müssen viel Überzeugungsarbeit leisten. Doch als Vorreiter einer neuen Generation sind sie die Pioniere in einer sich öffnenden Arbeitswelt – und haben damit die Chance, die Zukunft mitzugestalten.

4. Chancen für eine spannende Zukunft

Patchwork-Karrieren entstehen meist aus einer Schicksalssituation, nur selten werden sie gezielt und bewusst gewählt. Doch sie bieten die Chance für ein erfülltes, facettenreiches Arbeitsleben. Es gilt, sich über das Ziel klarzuwerden, loszumarschieren und dabei den eigenen Königsweg zu finden. Dieser setzt sich aus vielen Mosaiksteinen zusammen. Das können Phasen mit beruflichem Erfolg und Fortschritt sein, gefolgt von Auszeiten und Perioden, in denen sich verschiedene Aktivitäten parallel oder vernetzt entwickeln, die wie Umwege erscheinen. Oft stellt sich erst später heraus, wofür sie gut waren.

Gerade in schwierigen Zeiten, wenn es zu einem Bruch im Lebenslauf kommt, stellt sich die Frage nach dem Warum und Wohin. Im privaten wie im beruflichen Umfeld zeigt sich, dass das Leben nicht immer unsere Wünsche erfüllt – Begeisterung und Euphorie, aber auch Angst und Unsicherheit gehören dazu. Wichtig ist es deshalb, beim Planen und Gestalten der eigenen Patchwork-Karriere ein Leitmotiv oder Ziel zu entwickeln, dann mit kleinen Schritten den Rückenwind zu nutzen und bei Gegenwind weiterzukämpfen – und dabei sich selbst treu zu bleiben, Authentizität zu bewahren und auf das eigene Wohlbefinden zu achten. Freizeit und Arbeit sind Aspekte des Alltags, die nicht immer ausbalanciert sein mögen, aber beide ihren Raum benötigen.

Eine Patchwork-Karriere bietet vielfältige Möglichkeiten zur persönlichen und beruflichen Weiterentwicklung und zum eigenen Lebenserfolg. Das mag mit Rückschlägen, aber auch mit spannenden Chancen und dem Aufbruch zu neuen Horizonten verbunden sein. Als Trendsetter einer modernen Arbeitsform haben es Patchworker nicht einfach, sie sind die Vorreiter und bewegen sich auf einer Gratwanderung zwischen der geforderten flexiblen und variablen Arbeitswelt und der inneren Konstanz und Klarheit. Eines haben Menschen mit einer Patchwork-Karriere jedoch gemeinsam: Es sind interessante Persönlichkeiten, die an Brüchen und vermeintlichen Rückschritten gereift sind, die oft gegen den Strom schwimmen und aktiv ihre Zukunft in die Hand nehmen.

Für die Gestaltung Ihrer persönlichen Patchwork-Karriere wünsche ich Ihnen Mut, Kraft und Erfolg – Sie können in den nächsten Jahren viel davon gebrauchen!

Literaturhinweise

Augter, Steffi/Groothuis, Ulrich/Katzensteiner, Thomas/Mai, Jochen/Welp, Cornelius: Die entscheidenden Regeln für die Karriere, Wirtschaftswoche Nr. 29 vom 11.7.2002

Birkner, Monika: Kurswechsel im Beruf, Düsseldorf, Berlin 2002

Bloemer, Vera: „… und verlässt unser Haus auf eigenen Wunsch", Rechtliche Fragen, Karriereberatung, Orientierungshilfen für Führungskräfte, Regensburg 2002

Bloemer, Vera: Interim Management: Top Kräfte auf Zeit, Berlin, Regensburg 2003

Booz, Allen Hamilton, Werte schaffen Wert, Studie mit einer Befragung von 150 deutschen Unternehmen im Frühjahr 2003, o.O. 2003

Bund-Länder-Kommission für Bildungsplanung und Forschungsförderung (BLK): Zukunft von Bildung und Arbeit, Perspektiven von Arbeitskräftebedarf und -angebot bis 2015, Bericht BLK an die Regierungschefs von Bund und Ländern. Bonn, 2002

Deep White GmbH, Unternehmensberatung Bonn in Zusammenarbeit mit MCM Institut der Universität St. Gallen, Befragung von 33 Unternehmen mit 2500 Interviews 2003/04, Bonn, 2004

Deutsche Gesellschaft für Personalführung, DGFP (Hrsg.): Personalentwicklung für ältere Mitarbeiter, Düsseldorf 2004

Deutsches Institut für Altersvorsorge, DIA (Hrsg.)/Braun, Reiner: Erben in Deutschland, Köln 2002

Drake Beam Morin, Turnover at the Top, Umfrage, New York, 2002

Endepohls, Marlene: Lebensphasen im Wandel. Alltagspsychologische Definitionen des Jugend- und Erwachsenenalters, Bonn 1995

Fairness Stiftung, Frankfurt am Main, www.fairness-stiftung.de

Fink, Dietmar: The Institute of Management and Consulting Sciences FH Bonn, Vortrag beim BDU-Beratertag in Wiesbaden, 30.9.2004

Gallup, Engagement Index 2004, Berlin 2004

Gianni, Orio/Liedtke, Patrick: Wie wir arbeiten werden, München 1997

Goeudevert, Daniel: Mit Träumen beginnt die Realität, Reinbek bei Hamburg 2000

Gross, Peter: Die Multioptionsgesellschaft, Frankfurt am Main 1994

Hetzer, Jonas: Was Sie schon immer über Ihr Leben im Ruhestand wissen wollten, Manager Magazin 5/2004

Literaturhinweise

Horx, Matthias: Smart Future Fitness. Wie Sie Ihre Zukunftskompetenz erhöhen. Ein Handbuch für Entscheider, Frankfurt am Main 2003

Horx, Matthias: Smart Capitalism: das Ende der Ausbeutung, Frankfurt am Main 2001

Institut für Arbeitsmarkt- und Berufsforschung der Bundesagentur für Arbeit: Daten zur kurzfristigen Entwicklung von Wirtschaft und Arbeitsmarkt, Ausgabe Nr. 06/2005, Nürnberg 2005

Kaspers, Uwe/Knoche, Thomas: Die neue Arbeitsförderung: Rechtsgrundlagen und Leistungen nach den Sozialgesetzbüchern II, III, IX, Regensburg, Berlin 2004

Opaschowski, Horst W.: Deutschland 2020, Wie wir morgen leben – Prognosen der Wissenschaft, Wiesbaden 2004

Opaschowski, Horst W.: Zeitwohlstand. Der neue Luxus der Deutschen, Hamburg 2004

Price Waterhouse Coopers, Wechsel von Führungskräften ins Ausland, FAZ 10. 3. 2004

Prüfer, Christina: Männer suchen Prestige, Frauen neue Aufgaben, FAZ 16. 10. 2004

Rifkin, Jeremy: Das Ende der Arbeit und ihre Zukunft: neue Konzepte für das 21. Jahrhundert, Frankfurt am Main 2004

Rottmann, Verena S.: Legale Bewerbungstricks, Regensburg, Berlin 2003

Rundstedt und Partner, Umfrage bei Geschäftsführern, Personalleitern und Personalreferenten von 1000 Unternehmen zu Bewerbungsentscheidungen, www.rundstedt.de, Düsseldorf 2004

Scherff, Dyrk: Die neue Angst vor dem Crash, FAZ 23. 5. 2004

Schirrmacher, Frank: Methusalem Komplex, Frankfurt 2004

Spencer, Stuart, Studie über 450 Manager-Vermittlungen, zitiert aus: Dechstein, Barbara: Schornsteinfeger gesucht, S7 13. 9. 1999

TNS Infratest, Horizons 2020, Studie im Auftrag der Siemens AG, München 2004

Trendbüro Hamburg (Hrsg)./Wippermann, Peter: Trend 2004. Arbeit-Freizeit-Eigenzeit. Denkanstöße für Wirtschaft, Medien und Gesellschaft, Hamburg 2004

Zukunftsinstitut GmbH: Megatrends, Kelkheim 2003

Zukunftskommission Gesellschaft 2000 Geschäftsstelle Staatsministerium Baden-Württemberg (Hrsg.): Solidarität und Selbstverantwortung. Von der Risikogesellschaft zur Chancengesellschaft, Stuttgart 1999

Stichwortverzeichnis

Agentur für Arbeit 99
Agentur für Arbeit (Ich-AG) 92
Altern 19
Altersspezifische Stärken 72
Altersteilzeit 55
Altersvorsorge 93, 134, 135
Angestellte 35, 86, 120
Arbeitsbedarf 20
Arbeitslosengeld 93, 98, 99, 130, 132, 133, 134
Arbeitslosigkeit 10, 22, 25, 26, 36, 55, 73, 76, 77, 80, 90, 93, 97, 98, 108, 129, 130, 132, 133, 134
Arbeitsnomade 32, 52
Arbeitszeit 20, 22, 24, 28, 35, 37, 38, 39, 96, 101, 141
Asset Melt-down 132
Aufhebungsvertrag 74, 98, 99
Ausland 10, 14, 57, 106, 107, 113, 139
Auszeit 59, 73, 75, 97, 100, 101, 103, 104, 108

Beamte 35
Berufung 50
Best- and Worst-Case-Scenario 131
Bevölkerungsstruktur 18
Bewerbung 60, 62, 63, 64, 66, 68, 70, 76, 77, 98, 99, 103, 115, 116, 118, 120, 121, 125
Bewerbungsgespräch 68, 70, 80, 81
Bewerbungsunterlagen 64
Brüche 44, 54, 55, 57, 74, 76, 154
Business Angels 91, 92, 106
Business-Plan 91

Coach 95, 125
Corporate Culture 34, 53

Diversity 153

Ehrenamt 105
ehrenamtliche Tätigkeit 105
Eigeninitiative 47
Eigenverantwortung 24, 147
Einkommen 25, 39, 130
Elternzeit 104
Employability 31, 102, 142
Entrepreneur 52, 94
Erbe 135
Erfolg 12, 14, 43, 44, 46, 47, 49, 58, 61, 72, 87
Ethik 53

Fachkarriere 49, 50
Fachkenntnisse 30, 95
Fähigkeiten 68, 69, 71, 76, 142, 150
Familienphase 104
flexible Arbeitszeit 38
Fortbildung 76
Freelancer 94, 106
Freiberufler 94, 96, 141, 149
freiberufliche Tätigkeit 78
freie Berufe 94
Führungskarriere 49

Generalist 51
geringfügige Beschäftigung 8, 109

Home-Office 40

Ich-AG 92, 93
Interim Management 95
Intrapreneurship 52

Job-Hopper 56

Karriere 10, 11, 12, 13, 27, 28, 41, 44, 46, 47, 49, 52, 54, 56, 57, 58, 82, 83, 85, 153

Stichwortverzeichnis

Krankenversicherung 24, 26, 93
Kündigung 36, 54, 55, 57, 79, 98, 100,
    125, 149, 152
Kurzpräsentation 62, 115

Leben 75
Lebensabschnittsjob 34
Lebensarbeitszeit 20, 22
Lebenserwartung 18
Lebenslauf 7, 11, 24, 28, 60, 61, 62, 63,
    64, 65, 75, 76, 77, 78, 81, 82, 85,
    105, 112, 115, 116, 120, 153, 154
Lebenslauf, tabellarischer 61, 78
Lebenslauf, thematisch aufgebauter 61
Lebensphasen 28
Lebensziel 44
Leitmotiv 59, 60, 62, 68
Loyalität 31

Management Buy Out 91
Mangement Buy In 91
Mentor 84
Mobilität 46, 72, 84, 113, 138, 139, 140

Networking 126
Netzwerk 51, 72, 84, 122, 124, 126,
    127, 128, 140, 143, 144, 145, 148
Normalarbeitsverhältnis 24, 35

Outsourcing 21, 35, 93, 145

Personalabbau 54
Private Equity 12, 91, 92
Projektarbeit 24, 36, 37, 41, 86, 95

Quereinsteiger 112, 113, 114

Referenz 115, 125
Rentenversicherung 24
Roter Faden 13, 50, 58, 59, 62, 63, 66,
    138
Ruhestand 55

Sabbatical 14, 55, 100, 101, 130
Schornstein-Karriere 47
Selbstständige 8, 19, 34, 35, 37, 86, 92,
    94, 96, 112, 117, 119, 122, 123, 124,
    130, 141, 143, 144, 145
Selbstständigkeit 35, 36, 76, 78, 86, 89,
    90, 91, 92, 93, 96, 99, 106, 113, 134,
    135, 139, 142, 143
Shareholder Value 25, 53
Sinn 44, 57
soziale Sicherungssysteme 20, 25,
    150
soziales Engagement 105
Sozialsystem 22, 24, 26, 130
Sparring Partner 125, 126
Sperrfrist 98
Spezialist 51, 60
Stärken 70, 81
Stärkenprofil 60

Teamfähigkeit 52
Teilzeit 8, 23, 24, 38, 101, 102, 104,
    108, 109, 130

Überbrückungsgeld 92
Unternehmenskultur 32, 52, 53, 55
Unternehmensnachfolge 90

Venture Capital 91
Vision 31

Weiterbildung 30, 31, 61, 76, 78, 99,
    101, 102, 105, 130
Weiterentwicklung 7, 11, 31, 49, 50, 55,
    58, 69, 86, 101
Werte 53
Work-Life-Balance 34, 148, 150

Zeitarbeit 36, 38, 97, 107, 108
Zeugnis 63, 79, 98, 121, 124
Ziele 31, 43, 45, 53, 57